BETTINA MATTHAEI

SALATE
ZUM SATTESSEN

SALATE
ZUM SATTESSEN

AUTORIN: BETTINA MATTHAEI
FOTOS: MARIA GROSSMANN UND MONIKA SCHÜRLE

DIE GU-QUALITÄTS-GARANTIE

Wir möchten Ihnen mit den Informationen und Anregungen in diesem Buch das Leben erleichtern und Sie inspirieren, Neues auszuprobieren. Bei jedem unserer Bücher achten wir auf Aktualität und stellen höchste Ansprüche an Inhalt, Optik und Ausstattung. Alle Rezepte und Informationen werden von unseren Autoren gewissenhaft erstellt und von unseren Redakteuren sorgfältig ausgewählt und mehrfach geprüft. Deshalb bieten wir Ihnen eine 100%ige Qualitätsgarantie.

Darauf können Sie sich verlassen:
Wir legen Wert darauf, dass unsere Kochbücher zuverlässig und inspirierend zugleich sind.
Wir garantieren:
• dreifach getestete Rezepte
• sicheres Gelingen durch Schritt-für-Schritt-Anleitungen und viele nützliche Tipps
• eine authentische Rezept-Fotografie

Wir möchten für Sie immer besser werden:
Sollten wir mit diesem Buch Ihre Erwartungen nicht erfüllen, lassen Sie es uns bitte wissen! Wir tauschen Ihr Buch jederzeit gegen ein gleichwertiges zum gleichen oder ähnlichen Thema um. Nehmen Sie einfach Kontakt zu unserem Leserservice auf. Die Kontaktdaten unseres Leserservice finden Sie am Ende dieses Buches.

GRÄFE UND UNZER VERLAG
Der erste Ratgeberverlag – seit 1722.

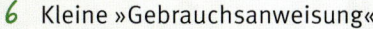

INHALT

6   Kleine »Gebrauchsanweisung«

8   Salathelden

10   Anatomie eines Salates

12   Darf's ein bisschen mehr sein?

14   Crunch it!

16

SUPERBOWL

Richtig tolle Sattmacher in einer Schüssel vereint – für mittags, abends oder immer, wenn einen die Lust auf Frisches packt. Lauter Salate, die sich als ganze Mahlzeit eignen wie Quinoa-Heidelbeer-Salat, Kartoffelsalat mit Ei oder uriger Brathendl-Salat.

52

TO GO

Die halten richtig was aus und passen in Glas, Lunchbox oder Henkelmann. Fürs Mittagsessen im Büro oder zum Picknick mit Freunden müssen Chili-con-Carne-Salat oder Gebratener Blumenkohlsalat mit Linsen mit!

86

DELIGHT

Hier freut sich die schlanke Linie, und die Geschmacksnerven jubilieren. Noch nie war leichte Küche so lecker und vielfältig: Wassermelonen-Feta-Salat, Glasnudel-Algen-Salat oder Grünkern-Pastinaken-Salat schmecken garantiert nicht nach Verzicht und halten trotzdem fit.

120

PARTYTIME

Keine Feier ohne Salat! Und damit das frische Grün nicht schon vor den letzten Gästen schlapp macht, gibt es Indischen Bulgursalat mit Feta und Pistazien, Eiersalat und Reissalat mit Hähnchen und Curry-Dressing. Let's party!

152   Register

160   Impressum

KLEINE »GEBRAUCHSANWEISUNG«

Salate haben längst ihre Statistenrolle als Beilage, Vorspeise oder dekoratives Grün hinter sich gelassen. Im Lauf der Zeit wurden sie immer vielfältiger und raffinierter, und so übernehmen sie in diesem Buch die wohlverdiente Hauptrolle.

Der Titel »Salate zum Sattessen« ist dabei ein echtes Versprechen: Alle unsere Salate machen wirklich satt! Dazu sind sie abwechslungsreich, zum Teil exotisch inspiriert oder ganz neu und ungewöhnlich kombiniert. Aber manchmal muss das Rad nicht neu erfunden werden, genauso wenig ein beliebtes Rezept: So gibt es für diejenigen, die sich manchmal sehnsüchtig an die Salate ihrer Mütter erinnern, auch den einen oder anderen Salatklassiker wie Reissalat, Nudelsalat oder Fleischsalat.

Das Buch ist in vier Kapitel unterteilt: **»Superbowl«** enthält Rezepte, mit denen man sich selbst, seine Gäste oder seine Liebsten verwöhnen möchte. Unter **»To go«** finden sich schöne Salate, die selbst einen längeren Transport zur Uni oder ins Büro heil überstehen und auch bei einem Picknick nicht schlapp machen. **»Delight«** enthält eine Auswahl an Salaten, die uns im doppelten Sinn mit Leichtigkeit erfreuen und dennoch satt machen. Und schließlich ist **»Partytime«**: Kaum eine Party ohne Salatbuffet! Unsere Salate werden garantiert zu den Superstars einer jeden Party. Denn alle sind so konzipiert, dass sie auch zu später Stunde noch appetitlich aussehen und köstlich schmecken.

Da Partys selten zu zweit gefeiert werden, sind die Partyrezepte für sechs Personen berechnet, die Rezepte der anderen drei Kapitel dagegen für zwei Personen. Und natürlich lassen sich alle Rezepte leicht verdoppeln oder auch verdreifachen.

Und »Salate zum Sattessen« bietet noch mehr:

Möhrchen-Faktor: Viele Rezepte sind per se schon vegetarisch oder vegan, doch auch Freunde von Fisch und Fleisch kommen in diesem Buch auf ihre Kosten. Wo immer es passt, weist das Möhrchen-Symbol zusätzlich auf eine vegetarische Alternative hin.

Spice-Effect: Nicht jeder hat mehr als die Basics im Gewürzregal stehen. Diejenigen, die neugierig auf würzige Varianten sind, sollten auf das Chilischoten-Symbol achten! Hier finden sich spannende Alternativen, etwa Kurzrezepte für ungewöhnliche Mischungen wie Espresso- oder Vanille-Pfeffer.

Dressings bekommen eine Doppelrolle! Allein die vielfältigen Dressings machen aus diesem Buch eine kulinarische Fundgrube! Denn abgesehen von einigen Kurzrezepten sind die Zutaten und Zubereitungsschritte der Dressings inhaltlich zusammengefasst und farbig hervorgehoben. Am Ende der Rezepte kann man dann erfahren, wozu das jeweilige Dressing sonst noch passt und welche Nährwerte es pro Person enthält. Schließlich reicht die Zeit nicht immer für einen aufwendigen Salat. Ein Blattsalat hingegen ist schnell vorbereitet, eine Gurke im Handumdrehen gehobelt und eine Möhre blitzschnell geraspelt. Dazu einfach noch das Lieblings-Dressing anrühren – fertig!

SALATHELDEN

Sie sind die heimlichen Stars, und kaum ein Salat kommt ohne sie aus. Sei es als Hauptbestandteil oder als »Bett«, auf dem die anderen Zutaten dekorativ angerichtet werden. Mit den vielen Dressings dieses Buches schmecken sie immer wieder anders und lassen sich außerdem gerne von einem der Toppings krönen.

KOPFSALAT, DAS SENSIBELCHEN

Er möchte nur sanft gebraust und nicht zu heftig geschleudert werden. Auch möchte er nicht stundenlang im Dressing baden, dann macht er schlapp und verliert seinen zarten Biss. Wer ihn seinem Naturell entsprechend mit Rücksicht behandelt, wird mit einem angenehm milden Geschmack belohnt und wundert sich nicht, dass er der Deutschen Salatheld Nr. 1 ist. Besonders gut verträgt er sich mit frischen Dressings aus Joghurt oder Sahne und Zitrone. Eine besondere Köstlichkeit sind seine hellgrünen, süßlichen, sanft knackigen Salatherzen. Sein enger Verwandter, der Eisbergsalat, ist nicht so sensibel, aber ähnlich süßlich im Geschmack.

MINI-ROMANASALAT, DER PFLEGELEICHTE

Er kommt richtig praktisch daher, denn er ist schnell geputzt und zerteilt. Die ganzen Blätter eignen sich zum Dippen oder Füllen. In Streifen geschnitten und angemacht, bleibt er lange knackig oder lockert z. B. einen Bulgur-, Quinoa- oder Couscous-Salat auf. Ein einzelner Mini-Romanasalat reicht in der Regel für eine Portion, und in Folie eingeschlagen bleibt er im Gemüsefach des Kühlschranks viele Tage frisch. Sein herzhafter Geschmack macht ihn kompatibel mit nahezu allen Dressings.

RADICCHIO, DIE HERBE SCHÖNHEIT

Er kommt meist kugelig in kleinen festen Köpfchen daher, mal weinrot, mal violettrot oder purpurfarben, durchzogen von weißen Blattrippen. Allein von seiner Optik ist er der Star in vielen Salaten. Sein Geschmack ist kräftig herb bis bitter. Damit ergänzt er milde Salate, Gemüse oder Hülsenfrüchte. In Verbindung mit süßen Früchten wie Pfirsich oder Blaubeeren oder mit einem fruchtigen Dressing läuft er geschmacklich zu Höchstform auf. Praktisch ist er außerdem: Weil er so fest gewachsen ist, dringen kaum Sand oder Erde nach innen. Meistens genügt es, die äußeren Blätter zu entfernen, den Kopf kurz abzubrausen und quer in Streifen zu schneiden.

BABYLEAVES, DIE ZARTEN SCHÖNHEITEN

Leuchtend grüner Blattspinat, farbenfrohe Mangold-
und Rote-Bete-Blätter, zart-fedrige Endivien und
dunkelgrüner Feldsalat – je bunter und vielfältiger,
desto besser! Die Blättchen sind viel zu schön und
zu zart, um unter einem schweren Kartoffel- oder
Nudelsalat zu versinken. Besser, man streut sie zum
Schluss darüber oder dekoriert mit ihnen den Teller-
rand. Ein Tröpfchen Dressing ist erlaubt – aber erst
direkt vor dem Verzehr darüberträufeln!

FELDSALAT, DAS ZART-HERBE WINTERGRÜN

Die kleinen, weichen dunkelgrünen »Rapun-
zel«-Blätter wachsen in kleinen »Sträußchen«, die
in einer Wurzel enden. Sie möchten behutsam und
gleichzeitig besonders gründlich verlesen, geputzt
und abgebraust werden. Ihr leicht herber und dabei
nussiger Geschmack harmoniert mit kräftigen Dressings, auch in Verbindung mit Nüssen, Früchten,
Speckwürfeln und Croûtons. Feldsalat hat Saison
im Herbst und im Winter.

RUCOLA, DIE PFEFFRIGE

Die länglichen, gezackten Blätter schmecken herb,
nussig, scharf und leicht säuerlich, weshalb sie es
hervorragend mit kräftigen Vinaigrettes, Nüssen und
Parmesan aufnehmen können. Rucola verträgt sich
außerdem gut mit Tomaten und Pasta und eignet
sich bestens für ein intensiv-würziges Pesto. Auch
in Salatmischungen sorgen die Blätter für kraftvolle
Akzente. Trotz ihrer Rustikalität mögen sie nicht
allzu lange im Dressing herumschwimmen. Rucola
erst direkt vor dem Servieren untermischen – oder
auch nur einfach darüberstreuen.

Anatomie eines Salates

Zarter Blattsalat

+

Rohes Gemüse:

↓

Reiben

+

Kleinschneiden

+

Garen

+

Braten

Feta würfeln,

Nüsse hacken

ESSIG ÖL

Essig, Öl, Salz, Pfeffer

+

Kräuter, Zwiebel & Knoblauch

= Dressing, verrühren

Brot zum Salat reichen

DARF'S EIN BISSCHEN MEHR SEIN?

Mal ist es ein kleiner Gemüserest, der noch verwertet werden soll. Mal hat man die Zutaten für einen sommerlich leichten Salat, aber der Magen verlangt nach mehr Sättigung. Hier ein paar feine Ideen, wie ein leichter oder simpler Salat mit ein wenig »Extra-Substanz« zu einer vollständigen Mahlzeit werden kann.

QUINOA, REIS UND GRÜNKERN

Quinoa war hierzulande lange unbekannt. In den letzten Jahren avancierten die roten, schwarzen oder hellen Körnchen jedoch zu kleinen Stars in unseren Küchen und sind mittlerweile in Bio-Läden und größeren Supermärkten gut zu bekommen. Am besten übergießen Sie sie vor dem Garen erst einmal mit kochend heißem Wasser. Damit werden Bitterstoffe entfernt. Grünkern kannten schon unsere Großeltern. Mit den getrockneten Dinkelkörnern lassen sich sehr gut kräftig-aromatische Salate zubereiten. Sie finden sie vor allem in Bio-Läden. Ein Klassiker in Sattmacher-Salaten ist Reis. Der feine Basmati duftet aromatisch. Probieren Sie auch mal schwarzen Wildreis, der optisch und mit leicht nussigem Geschmack im Salat beeindruckt. Die dunklen Körnchen zählen offiziell nicht zur Reisfamilie, sondern sind die Samen einer nordamerikanischen Wasserpflanze. Sie werden häufig auch in Reismischungen angeboten. Da Quinoa, Grünkern und Reis 20–30 Min. oder mehr Garzeit brauchen, lohnt es sich in jedem Fall, gleich größere Mengen davon zuzubereiten und diese dann portionsweise einzufrieren.

BULGUR UND COUSCOUS

Im Handumdrehen lassen sich diese nordafrikanischen Spezialitäten zubereiten und sind deshalb perfekt fürs schnelle Salate-Upgrade geeignet. Sowohl der gröbere Bulgur als auch der feinere Couscous werden aus Hartweizen hergestellt. Mit ihrem leicht nussigen Geschmack verleihen sie mediterranen oder orientalisch angehauchten Salaten Biss! In großen Supermärkten, Asia- und Bio-Läden finden Sie Instant-Bulgur und -Couscous. Die vorgegarten Körner werden einfach mit heißer Brühe übergossen und quellen dann in 5–8 Min. aus. Bulgur und Couscous nur noch mit einer Gabel auflockern – fertig! Weil sie so schnell zubereitet sind, braucht man sie nicht auf Vorrat herzustellen.

LINSEN UND BOHNENKERNE

Sie liefern aromatischen Geschmack und reichlich Eiweiß für Ihren Salat. Getrocknete Bohnenkerne müssen über Nacht einweichen. Anschließend wird das Einweichwasser weggegossen. Mit frischem Wasser, 1–2 Lorbeerblättern und vielleicht einer mit 2 Gewürznelken gespickten Zwiebel werden sie dann aufgekocht und 1–2 Std. geköchelt. Die Hülsenfrüchte dabei immer erst am Ende der Kochzeit salzen! Im Bio-Laden, größerem Supermarkt und im italienischen Feinkostgeschäft finden Sie kleine weiße und auch dicke Bohnen in der Dose oder im Glas. Sie sind bereits gegart, müssen nur abgegossen und kurz abgebraust werden – ideal für schnelle Sattmacher-Salate! Auch Linsen sind eine gute Wahl, um einen leichten Salat in eine Mahlzeit zu verwandeln: Rote Linsen, grüne Berglinsen und schwarze Belugalinsen müssen nicht eingeweicht werden. Rote Linsen sollten keinesfalls länger als 12–15 Min. garen, sonst zerfallen sie. Grüne und schwarze Linsen sind in ca. 20 Min. fertig und lassen sich auch sehr gut auf Vorrat zubereiten: Hülsenfrüchte garen, dann salzen, abkühlen lassen und portionsweise einfrieren.

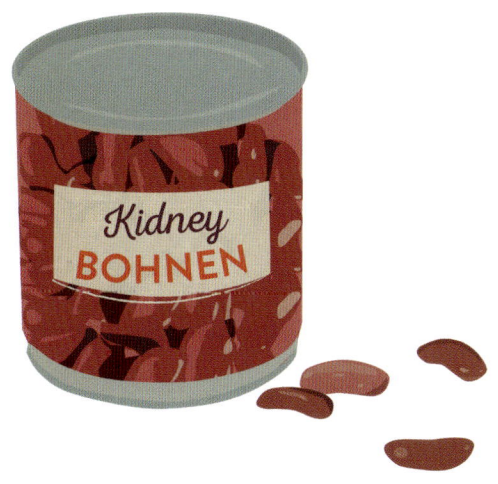

KICHERERBSEN, MAIS UND KIDNEYBOHNEN

Für schnelle Salate sind Hülsenfrüchte aus der Konserve ideal: Einfach in ein Sieb abgießen, abbrausen und abtropfen lassen – schon können Sie damit im Salat punkten. Wer bei Kichererbsen etwas Zeit investieren möchte, der drückt sie aus den milchig aussehenden Hüllen. So sehen sie hübscher aus und schmecken auch deutlich zarter! Natürlich können Sie auch getrocknete Kichererbsen oder Kidneybohnen für Ihren Salat verwenden. Die müssen Sie aber vorher über Nacht einweichen und am nächsten Tag in frischem Wasser in 1–2 Std. gar kochen.

KÄSE, OLIVEN UND EIER

Der simpelste Weg, einen Salat anzureichern: einfach Käse, Oliven oder Eier dazugeben! Käse nur würfeln oder zerkrümeln: Feta und Mozzarella toppen perfekt frische Sommersalate. Mit Gouda und Emmentaler bekommt alles eine herzhafte Note. Roquefort und andere Edelpilzkäse passen gut zu Wintersalaten mit cremigem Dressing und fruchtigen Zutaten. Ob schwarz oder grün: Besonders mediterrane Mischungen lieben Oliven. Und im Nu garnieren Sie Ihren Salat mit Eiern: Eier hart kochen, vierteln oder halbieren und leicht salzen.

CRUNCH IT!

Sie sind das berühmte Tüpfelchen auf dem i und sorgen für crunchigen Biss und intensiven Geschmack: Knusprige Croûtons, nussige Sprinkles, würzige Gremolatas und herzhaft-kräuterfrische Pestos. Bei einigen lohnt es sich, gleich einen Vorrat anzulegen. Und wenn keine Zeit da ist, eignen sich einfache Nuss- und Samenmischungen.

CROÛTONS

Die knusprigen Topping-Klassiker sollten möglichst frisch zubereitet werden. Das ist kein Problem, denn Croûtons sind schnell gemacht. Sie können Weißbrot- oder Toastscheiben entrinden und würfeln oder auch Ciabatta oder Baguette zunächst in Scheiben, dann ohne Rinde in Stückchen schneiden. Die Brotwürfel entweder in einer Pfanne ohne Fett rösten oder in etwas Butter oder einer Mischung aus Olivenöl und Butter goldgelb und knusprig braten. Alternativ können Sie sie auch auf einem Backblech verteilen, etwas Öl darüberträufeln und im vorgeheizten Ofen bei 180° ca. 10 Min. backen, bis die Croûtons leicht gebräunt sind. Besonders herzhaft werden sie, wenn Sie die Brotscheiben vor dem Würfeln mit einer halbierten Knoblauchzehe einreiben.

GREMOLATA

Das klassische italienische Rezept besteht aus glatter Petersilie, fein abgeriebener Zitronenschale und Knoblauch, die zusammen gehackt werden. Traditionell wird diese Kräuter-Zitronen-Mischung dann vor dem Servieren über »Ossobuco«, geschmorte Kalbsbeinscheiben, gestreut und verleiht so dem üppigen Fleischgericht eine aromatisch-leichte Frische, die vielen Salaten ebenfalls guttut. In einer Gremolata können Sie auch Thymian, Rosmarin oder Salbei und Orangen- oder Limettenschale verarbeiten und zusätzlich geriebenen Parmesan oder Sardellenfilets sowie frisch gehackte Chili untermischen. Mit ihrer Kräuter- und Zitrusfrische ergänzen Gremolatas aufs Feinste Kartoffel- und Nudelsalate, Salate aus gegartem Gemüse und einfache Salate mit Tomaten, Eier, Gurken oder Avocados.

SPRINKLES

Diese wundervoll würzigen, meist trockenen Mischungen aus gehackten Nüssen, Mandeln, Kernen oder Samen mit Gewürzen, Salz und auch mal etwas Zucker sind wahre Joker in der Salatküche: Ob schlichter Kopfsalat oder raffinierte Salat-Kreation – sie alle profitieren von dem kleinen Extra-Kick. Die Sprinkles sollten dabei dem Haupt-Thema des Salates folgen. So passt ein süß-scharfes Sprinkle mit gerösteten Kokosraspeln, Rohrzucker, Knoblauch, Salz und Chili zu einem karibisch angehauchten Salat mit Süßkartoffeln oder zu Kürbis und Möhren. Ein asiatischer Salat bekommt ein Sprinkle aus Erdnüssen, Röstzwiebeln, Chili und Knoblauch oder eines mit geröstetem Sesam, Chiliflakes und getrockneten Limettenzesten. Ein mediterraner Salat liebt ein Sprinkle aus sonnengetrockneten Tomaten, getrockneten provenzalischen Kräutern und Pinienkernen, und für einen indisch angehauchten Salat können Cashewkerne mit Schwarzkümmel, Fenchelsamen, braunen Senfkörnern und Kreuzkümmel gehackt und gemischt werden.

PESTO

Man kennt die kräuterfrischen Pasten vor allem als Topping von Pasta oder Bestandteil einer Pastasauce. Aber auch für Kartoffel-, Fisch-, Eier- und Gemüsesalate eignen sie sich. Für ein klassisches Pesto genovese werden die Blättchen von 1–2 Bund Basilikum mit 1–2 Knoblauchzehen und 40 g gerösteten Pinienkernen im Mixer nicht zu fein zerkleinert. 30 g frisch geriebenen Parmesan unterheben, mit Salz und Pfeffer würzen. Als Topping können Sie das Pesto so verwenden. Soll es mit Pasta vermischt werden, rühren Sie besser noch 1–3 EL Olivenöl unter. Zum Aufbewahren das Pesto in ein Schraubglas geben und die Oberfläche großzügig mit Olivenöl bedecken. So ist es im Kühlschrank mehrere Tage haltbar. Pesto kann vielfältig variiert werden: mit Kräutern wie Petersilie, Koriandergrün, Salbei oder Thymian, mit anderen Nüssen wie Walnuss, Paranuss, Haselnuss oder Macadamia und mit Zugabe von sonnengetrockneten Tomaten, Oliven, Orangeat, Chili oder Zwiebeln.

SUPERBOWL

Tomaten-Aprikosen-Salat
mit Feta und Honig-Sambal-Dressing

Für 2 Personen
25 Min. Zubereitung +
15 Min. Marinieren
Pro Portion: ca. 525 kcal, 39 g F,
18 g EW, 25 g KH

je 200 g gelbe und rote
   Kirschtomaten
250 g reife Aprikosen
200 g Fetakäse
6 Stängel Basilikum
½ Bund glatte Petersilie

Honig-Sambal-Dressing:
20 g flüssiger Honig
   (z. B. Akazienhonig)
1 TL Sambal Oelek
2 TL Sherryessig
Salz
frisch gemahlener grüner Pfeffer
2 EL Traubenkernöl

1 Die Tomaten waschen und je nach Größe halbieren oder vierteln, die Stielansätze dabei wegschneiden. Die Aprikosen waschen und halbieren. Die Kerne entfernen. Die Aprikosenhälften in schmale Spalten schneiden und mit den Kirschtomaten mischen.

2 Den Feta trocken tupfen, einmal quer halbieren und nach Belieben zerbröckeln oder in ca. 1 cm große Würfel schneiden. Den Fetakäse behutsam unter die Tomatenmischung heben.

3 Für das Honig-Sambal-Dressing:
Den Honig mit Sambal Oelek, Sherryessig, Salz und Pfeffer verrühren, nach und nach das Traubenkernöl unterschlagen.

4 Die Tomaten-Aprikosen-Mischung mit dem Honig-Sambal-Dressing mischen und ca. 15 Min. durchziehen lassen.

5 Inzwischen das Basilikum und die Petersilie abbrausen und trocken schütteln. Die Blättchen abzupfen und bis auf einen kleinen Rest grob hacken. Kurz vor dem Servieren die gehackten Kräuter unter den Salat heben. Den Salat mit den Kräuterblättchen garnieren.

Das Honig-Sambal-Dressing passt auch zu:
Möhren, Knollensellerie oder Kürbis – jeweils roh oder gegart. Auch zu gekochten Schwarzwurzeln, rohen oder gekochten Champignons und zu Avocado. (Dressing pro Portion: ca. 170 kcal, 15 g F, 0 g EW, 9 g KH)

Quinoa-Heidelbeer-Salat mit Cassis-Vinaigrette

Für 2 Personen
40 Min. Zubereitung
Pro Portion: ca. 520 kcal, 30 g F,
18 g E, 43 g KH

70 g schwarze Quinoa
100 g gemischte Babyleaves
 (zarte Blattsalate;
 am besten rote und grüne)
1 Kugel Mozzarella (125 g)
125 g Heidelbeeren

Cassis-Vinaigrette:
50 g schwarzes Johannis-
 beergelee
Salz
frisch gemahlener
 schwarzer Pfeffer
2 EL Aceto balsamico
2 EL Macadamia-Nussöl

1 Die Quinoa in ein Sieb abgießen und heiß abbrausen. Zum Schluss mit kochend heißem Wasser übergießen, um alle Bitterstoffe zu entfernen. Abtropfen lassen und in Salzwasser nach Packungsangabe in ca. 25 Min. gar kochen. Abgießen und ausdampfen lassen.

2 Inzwischen die Salatblätter putzen, waschen und trocken schleudern. Längere Stiele abknipsen. Die Salatblätter auf zwei große Teller verteilen. Den Mozzarella trocken tupfen, quer halbieren, dann in ca. 1 cm große Würfel schneiden. Die Heidelbeeren in einem Sieb abbrausen, abtropfen lassen und behutsam trocken tupfen.

3 Für die Cassis-Vinaigrette:
Das Johannisbeergelee mit Salz, Pfeffer und Essig glatt rühren, evtl. zum besseren Auflösen des Gelees die Mischung leicht erwärmen. Dann nach und nach das Macadamia-Nussöl unterschlagen.

4 Die abgekühlte Quinoa in kleinen Häufchen auf den Salatblättern verteilen, darum herum die Heidelbeeren und die Mozzarellawürfel verteilen, die Vinaigrette darüberträufeln. Den Salat sofort servieren.

Die Cassis-Vinaigrette passt auch zu:
Feldsalat, Rucola, Spinat oder Mangold. Ideal auch zu Rote Bete und in Verbindung mit Pfirsich, Nektarinen, dunklen Trauben oder Pflaumen.
(Vinaigrette pro Portion: ca. 195 kcal, 15 g F, 0 g EW, 14 g KH)

Auch Tasmanischer Bergpfeffer harmoniert mit seinem süßlichen, an dunkle Beeren erinnernden Geschmack mit diesem fruchtigen Salat.

»Black Slaw«
mit süßem Tamari-Dressing

Für 2 Personen
35 Min. Zubereitung +
30 Min. Marinieren +
1 Std. Einweichen
Pro Portion: ca. 540 kcal, 12 g F,
20 g EW, 86 g KH

10 g getrocknete Mu-Err-Pilze
  (ersatzweise 3–4 braune
  Champignons)
350 g Rotkohl
Salz
½ rote Chilischote
1 Dose schwarze Bohnen
  (265 g Abtropfgewicht)
100 g schwarze Reisnudeln (Asia-
  oder Bioladen; ersatzweise
  weiße Reisnudeln)
einige Stängel Schnittlauch zum
  Garnieren

Tamari-Dressing:
3 EL Reisessig
4 EL Tamari (Sojasauce)
1 EL Agavensirup
4 TL geröstetes Sesamöl

1 Die getrockneten Pilze in lauwarmem Wasser ca. 1 Std. einweichen, dann abgießen und mit frischem Wasser ca. 20 Min. bei schwacher Hitze köcheln lassen. Abgießen, trocken tupfen und nach Belieben klein schneiden. (Ersatzweise die Champignons abreiben, die Stiele herausdrehen und entfernen oder knapp abschneiden. Die Champignons feinblättrig schneiden und roh weiterverwenden.)

2 Inzwischen vom Rotkohl die äußeren Blätter entfernen, den Kohl ohne Strunk in feinste Streifen hobeln oder schneiden. Rotkohl in einer Schüssel mit 1 TL Salz 2–3 Min. verkneten (Einweghandschuhe verwenden!), bis der Rotkohl weich und glänzend wird.

3 Die Chilischote längs halbieren, entkernen, waschen und nach Belieben quer in dünne Streifen schneiden oder hacken. Die Bohnen in ein Sieb abgießen, kalt abbrausen und abtropfen lassen.

4 In einem Topf reichlich Salzwasser aufkochen. Die Reisnudeln darin in ca. 6 Min. (oder nach Packungsangabe) gar kochen. Die Nudeln abgießen, kalt abschrecken und abtropfen lassen.

5 Für das Tamari-Dressing:
Reisessig, Tamari und Agavensirup mit dem Schneebesen verrühren, zum Schluss nach und nach das Sesamöl unterschlagen.

6 Rotkohl, Nudeln, Bohnen und Pilze mit dem Dressing mischen und ca. 30 Min. durchziehen lassen. Den Schnittlauch abbrausen und trocken schütteln, den Salat damit garnieren.

Das Tamari-Dressing passt auch zu:
Salaten aus Reis oder weißen Reisnudeln mit Gemüsestreifen und Sprossen. (Dressing pro Portion: ca. 135 kcal, 10 g F, 3 g EW, 8 g KH)

Fenchel-Bohnenkern-Salat
mit Zitronen-Pfeffer-Dressing

Für 2 Personen
40 Min. Zubereitung +
30 Min. Marinieren
Pro Portion: ca. 425 kcal, 28 g F,
21 g EW, 23 g KH

300 g dicke TK-Bohnenkerne
Salz
300 g Fenchelknollen
4 Stängel Dill
2 kleine Stangen Staudensellerie
100 g Fetakäse

Zitronen-Pfeffer-Dressing:
1 Bio-Zitrone
2 TL Agavensirup
Salz
1 TL eingelegter grüner Pfeffer
2 EL Olivenöl

1 Die gefrorenen Bohnenkerne in kochendem Salzwasser in 8–10 Min. garen. Inzwischen den Fenchel putzen und waschen, den Strunk keilförmig herausschneiden und die Stiele entfernen. Den Fenchel auf einem Hobel in allerfeinste Streifen schneiden.

2 Die gegarten Bohnen in ein Sieb abgießen, eiskalt abbrausen und abtropfen lassen. Dann die Kerne aus den zähen Hülsen drücken.

3 Für das Zitronen-Pfeffer-Dressing:
Die Zitrone heiß waschen und trocken reiben. 1 TL Schale abreiben und 2 EL Saft auspressen. Zitronenschale und -saft mit dem Agavensirup und Salz verrühren. Den Pfeffer in einem kleinen Sieb abbrausen, trocken tupfen, hacken und untermischen. Dann das Öl unterschlagen.

4 Den Dill abbrausen und trocken schütteln, die Spitzen abzupfen und fein hacken. Den Staudensellerie putzen, entfädeln und waschen. Die Stangen quer in dünne Scheiben schneiden. Den Feta quer halbieren und in ca. 1 cm große Würfel schneiden.

5 Bohnen, Fenchel, Selleriescheibchen, Feta und die Hälfte des Dills in einer Salatschüssel mischen. Das Dressing dazugeben, alles gut vermengen und ca. 30 Min. durchziehen lassen. Den Fenchel-Bohnenkern-Salat vor dem Servieren mit dem restlichen Dill bestreuen.

Das Zitronen-Pfeffer-Dressing passt auch zu:
Erbsen, Zuckerschoten, Gurken, Zucchini, grünem Spargel und auch zu Pellkartoffeln. (Dressing pro Portion: ca. 155 kcal, 15 g F, 0 g EW, 5 g KH)

Pastinaken- und Möhrenstreifen mit Tahin-Zitronen-Dressing

Für 2 Personen
45 Min. Zubereitung
Pro Portion: ca. 655 kcal, 48 g F,
23 g EW, 32 g KH

1 Mini-Romanasalat
½ Bund glatte Petersilie
70 g frische Datteln
2 Möhren (ca. 300 g)
2 Pastinaken (ca. 350 g)
3 EL Olivenöl
100 g Halloumi-Grillkäse

Tahin-Zitronen-Dressing:
80–100 ml Gemüsebrühe
40 g helles Tahin (Sesampaste)
1 Bio-Zitrone
Salz
frisch gemahlener grüner Pfeffer
½ TL Ras el Hanout oder Baharat
    (orientalische Gewürz-
    mischung; s. S. 68)
Cayenne

1 Den Romanasalat putzen, in Blätter teilen, waschen und trocken schleudern oder tupfen. Die Blätter aufeinanderlegen und einmal längs halbieren, dann quer in ca. 2 cm breite Streifen schneiden. Zwei Teller mit den Romanasalat-Streifen auslegen.

2 Die Petersilie abbrausen und trocken schütteln. Die Blättchen abzupfen. Die Datteln längs halbieren, entkernen und quer in feine Streifen schneiden. Die Möhren und die Pastinaken schälen, dann längs mit dem Sparschäler wie Bandnudeln in dünne Streifen schneiden.

3 Die Möhren- und Pastinakenstreifen portionsweise in einer Pfanne in 2½ EL Öl in jeweils ca. 6 Min. bissfest braten. Streifen, die schon schneller gar und leicht gebräunt sind, mit einer Küchenpinzette aus der Pfanne nehmen. Die Gemüsestreifen locker auf dem Salat anrichten, dazwischen die Petersilienblätter und die Datteln verteilen.

4 Für das Tahin-Zitronen-Dressing:
Den Bratsatz in der Pfanne mit der Gemüsebrühe ablösen. Die Pfanne vom Herd nehmen und die Brühe mit Tahin verrühren. Die Zitrone heiß waschen und trocken reiben. 1–2 TL Schale abreiben, 2 TL Saft auspressen, beides zum Dressing geben. Das Dressing mit Salz, Pfeffer, Ras el Hanout und Cayenne pikant abschmecken.

5 Eine Grillpfanne stark erhitzen und mit dem restlichen Öl bepinseln. Den Halloumi abbrausen (ist sehr salzig!), trocken tupfen und in 1 cm dicke Scheiben schneiden. Halloumi bei starker Hitze auf jeder Seite 3–4 Min. braten, bis er die typischen Grillstreifen bekommt. Den Käse heiß neben dem Salat anrichten. Das Dressing in großzügigen Klecksen auf den Gemüsestreifen verteilen. Den Salat sofort servieren.

Das Tahin-Zitronen-Dressing passt auch zu:
Romana- und Kopfsalat, Gurken, Möhren und Tomaten. Wird es allein zubereitet, entfällt der Arbeitsschritt mit dem Ablösen des Bratsatzes. (Dressing pro Portion: ca. 130 kcal, 11 g F, 5 g EW, 3 g KH)

Radicchio mit Schinken, Nektarine und Aprikosen-Chili-Dressing

Für 2 Personen
40 Min. Zubereitung
Pro Portion: ca. 560 kcal, 36 g F,
33 g EW, 26 g KH

1 kleiner Radicchio (ca. 100 g)
70 g Rucola
125 g Serranoschinken
100 g Ziegenfrischkäse
2 Nektarinen
1 TL Olivenöl zum Bepinseln
Salz
frisch gemahlener
  schwarzer Pfeffer

Aprikosen-Chili-Dressing:
50 g Aprikosenkonfitüre
1 ½ TL Sambal Oelek
1 TL Sherryessig
Salz
frisch gemahlener
  schwarzer Pfeffer
2 EL Olivenöl

1 Für das Aprikosen-Chili-Dressing:
Aprikosenkonfitüre, Sambal Oelek, Essig, Salz und Pfeffer mit dem Schneebesen glatt rühren. Je nach gewünschter Konsistenz noch 1–2 TL Wasser unterrühren. Zum Schluss das Olivenöl unterschlagen.

2 Radicchio putzen, in Blätter teilen, waschen und trocken schleudern oder tupfen. Die Blätter in Streifen schneiden. Den Rucola verlesen, abbrausen und trocken schleudern. Die Stiele abknipsen. Radicchiostreifen und Rucolablätter mischen. Zwei Teller damit auslegen.

3 Die Schinkenscheiben längs halbieren, dann in mundgerechte Stücke schneiden. Die Stücke locker aufrollen und auf dem Salat verteilen. Den Ziegenfrischkäse in Bröckchen dazwischen verteilen.

4 Die Nektarinen waschen, trocken reiben und halbieren. Die Kerne entfernen, die Hälften in jeweils 4 Spalten schneiden. Eine Grillpfanne stark erhitzen und mit dem Öl bepinseln. Die Nektarinen auf den Schnittflächen bei starker Hitze ca. 45 Sek. braten, bis sich die typischen Grillstreifen gebildet haben. Nektarinen salzen, pfeffern und sofort auf dem Salat verteilen. Das Dressing darauf verteilen. Den Salat sofort servieren.

Das Aprikosen-Chili-Dressing passt auch zu:
Gemischten Blattsalaten mit Fetakäse oder Mozzarella. (Dressing pro Portion: ca. 190 kcal, 15 g F, 1 g EW, 12 g KH)

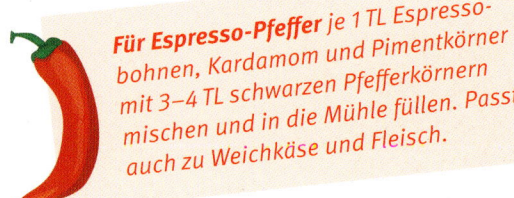

Für Espresso-Pfeffer je 1 TL Espressobohnen, Kardamom und Pimentkörner mit 3–4 TL schwarzen Pfefferkörnern mischen und in die Mühle füllen. Passt auch zu Weichkäse und Fleisch.

Auberginen mit Lamm und Granatapfel-Harissa-Dressing

Für 2 Personen
40 Min. Zubereitung
Pro Portion: ca. 550 kcal, 35 g F, 28 g EW, 30 g KH

500 g schmale Auberginen
Salz
175 g rote Zwiebeln
125 g Kichererbsen
   (aus der Dose)
4 EL Olivenöl
frisch gemahlener
   schwarzer Pfeffer
1 Bund glatte Petersilie
200 g Lammfilets ✐

Granatapfel-
Harissa-Dressing:
50 ml Gemüsebrühe
1 EL Granatapfelmelasse
   (türk. Feinkostgeschäft)
1 EL Ahornsirup oder Agavensirup
½ TL Harissapaste (Tube)
Salz

Anstelle des Lamms
80 g Instant-Couscous mit ½ TL Ras el Hanout mischen, dann mit 110 ml heißer Gemüsebrühe 5–7 Min. quellen lassen. Auflockern, mit 1 EL Olivenöl vermischen und auf dem Salat verteilen.

1 Die Auberginen waschen, putzen und quer in 1 cm dicke Scheiben schneiden. Salzen und 10 Min. stehen lassen. Dann abbrausen und mit Küchenpapier kräftig ausdrücken. Inzwischen die Zwiebeln schälen, längs halbieren und quer in schmale Halbstreifen schneiden. Die Kichererbsen in ein Sieb abgießen, kalt abbrausen und abtropfen lassen, dann nach Belieben aus den Hüllen drücken. (Der Geschmack wird feiner.)

2 Eine Grillpfanne stark erhitzen und mit wenig Olivenöl bepinseln. Auberginen portionsweise hereingeben, bei starker Hitze auf einer Seite ca. 3 Min. braten, dann dünn mit Öl einpinseln, wenden und ca. 3 Min. weiterbraten, dabei insgesamt 2 EL Öl verwenden. Die Auberginen in eine große Schüssel geben, salzen und pfeffern.

3 Für das Granatapfel-Harissa-Dressing:
Den Bratsatz mit der Brühe ablöschen und in eine kleine Schüssel füllen. Brühe mit Granatapfelmelasse, Sirup, Harissa und Salz verrühren.

4 Die Auberginen mit dem Dressing begießen und ab und zu wenden.

5 Das Lammfilet salzen und von jeder Seite knapp ca. 2 Min. in 1 EL Öl braten. So bleibt das Fleisch von innen rosa. Zum Durchgaren das Fleisch ca. ½ Min. pro Seite länger braten. Dann das Fleisch pfeffern, in Alufolie locker einwickeln und ruhen lassen.

6 Die Zwiebeln im restlichen Öl unter Rühren in 6–7 Min. weich braten. Zwiebeln salzen, pfeffern und auf den Auberginen verteilen. Die Kichererbsen dazwischenstreuen. Die Petersilie abbrausen und trocken schütteln, die Blättchen abzupfen und unter den Salat mischen und darüberstreuen. Die Lammfilets aus der Folie nehmen und schräg in knapp 2 cm dicke Scheiben schneiden und auf dem Salat anrichten. Den Auberginensalat mit den Lammscheiben sofort servieren.

Das Granatapfel-Harissa-Dressing passt auch zu:
Roten Beten, Blattsalaten mit Nüssen und Trockenfrüchten, zu Bulgur- oder Couscous-Salaten. Wenn Sie es ohne das Ablöschen des Bratsatzes in der Grillpfanne zubereiten, noch 1 EL Olivenöl unterschlagen. (Dressing pro Portion: ca. 120 kcal, 8 g F, 0 g EW, 12 g KH)

Salat mit Hähnchen, gelben Tomaten und Aprikosen-Chutney

Für 2 Personen
1 Std. 20 Min. Zubereitung
Pro Portion: ca. 355 kcal, 18 g F,
31 g EW, 16 g KH

2 Hähnchenbrustfilets
  (à ca. 150 g)
2 TL Olivenöl
Salz
frisch gemahlener
  schwarzer Pfeffer
150 g gelbe Kirschtomaten
100 g Baby-Mangoldblätter

Aprikosen-Chutney:
3 EL Gemüsebrühe
100 g Gemüsezwiebel
1 ½ EL Olivenöl
200 g reife Aprikosen
2 TL Agavensirup
Salz
frisch gemahlener grüner oder
  schwarzer Pfeffer
Chiliflakes

1 Eine kleine ofenfeste Form in den Backofen stellen, den Ofen auf 120° vorheizen. Die Hähnchenbrustfilets abbrausen und trocken tupfen, falls nötig, Fett und Sehnen entfernen.

2 Das Olivenöl in einer Pfanne erhitzen. Das Fleisch salzen und im Öl in ca. 5 Min. bei mittlerer Hitze rundum goldbraun anbraten. In die Form geben, pfeffern und im heißen Ofen (Mitte) in 18–20 Min fertig garen.

3 Für das Aprikosen-Chutney:
Den Bratsatz in der Pfanne mit der Brühe lösen und kurz aufkochen. Die Brühe in ein Schälchen gießen und beiseitestellen. Das Olivenöl in der Pfanne erhitzen. Die Zwiebel schälen, fein hacken und im Öl in ca. 7 Min. bei schwacher Hitze glasig dünsten.

4 Währenddessen die Aprikosen waschen, halbieren, entkernen und würfeln. Die Aprikosen zu den Zwiebeln geben und bei starker Hitze weitere 3–4 Min. mitbraten. Die Bratsatz-Brühe dazugeben und alles bei mittlerer Hitze 5–8 Min weiterköcheln lassen, bis die Aprikosen leicht zerfallen. Das Aprikosen-Chutney mit dem Agavensirup, Salz, Pfeffer und den Chiliflakes pikant abschmecken.

5 Die Tomaten waschen und halbieren, die Stielansätze dabei wegschneiden. Die Mangoldblätter verlesen, die Stiele abknipsen. Die Blätter waschen und trocken schleudern. Mangoldblätter auf zwei großen Tellern verteilen, darauf die Tomaten geben.

6 Die Hähnchenfilets aus dem Ofen nehmen, etwas ruhen lassen, dann schräg aufschneiden und auf dem Salatbett anrichten. Den Fleischsaft, der sich in der Form gesammelt hat, zum Chutney geben und unterrühren. Das Aprikosen-Chutney über den Salat löffeln.

Das Aprikosen-Chutney passt auch zu:
Entenbrust, Roastbeef und gekochtem Schinken. Zu Salaten mit Couscous, Quinoa oder Reis. Wird das Aprikosen-Chutney ohne Bratsatz und Fleischsaft zubereitet, 1–2 EL Brühe mehr verwenden. (Chutney pro Portion: ca. 170 kcal, 12 g F, 1 g EW, 13 g KH)

Winter-Waldorf-Salat
mit Zitronen-Frischkäse-Dressing

Für 2 Personen
45 Min. Zubereitung
Pro Portion: ca. 575 kcal, 43 g F,
18 g EW, 29 g KH

450 g Knollensellerie
1 ½ EL Olivenöl
1 Apfel
Salz
frisch gemahlener grüner Pfeffer
100 g kernlose grüne Trauben
4 Stängel glatte Petersilie
20 g Walnusskerne
80 g Roquefort (oder ein anderer
   Blauschimmelkäse)

Zitronen-Frisch-käse-Dressing:
1 Bio-Zitrone
70 g Doppelrahm-Frischkäse
1 EL Agavensirup
Salz
frisch gemahlener grüner Pfeffer
Cayenne

1 Für das Zitronen-Frischkäse-Dressing:
Die Zitrone heiß waschen und trocken reiben. 1 TL Schale abreiben und
1 EL Saft auspressen. Den Frischkäse mit Zitronensaft und Agavensirup
glatt rühren, mit Salz, Pfeffer, Cayenne und Zitronenschale abschmecken.
Nach Belieben noch mehr Zitronensaft dazugeben.

2 Den Sellerie schälen, waschen und alle holzigen und schwammigen
Teile entfernen. Sellerie in 1–2 cm große Würfel schneiden. Das Öl in einer
großen Pfanne stark erhitzen, die Selleriewürfel darin anbraten, dann bei
schwacher Hitze ca. 6 Min. weiterbraten. Die Würfel sollen nicht bräunen.

3 Inzwischen den Apfel waschen oder schälen, vierteln, entkernen und
würfeln. Die Apfelwürfel zum Sellerie geben und alles bei stärkerer Hitze
unter Rühren ca. 4 Min. braten, dann salzen und pfeffern.

4 Die Trauben waschen und längs halbieren. Die Petersilie abbrausen
und trocken schütteln. Die Blättchen abzupfen und grob hacken. Die
Nüsse grob hacken. Den Käse zerbröckeln.

5 Das heiße Apfel-Sellerie-Gemüse mit dem Dressing mischen. Trauben
und Petersilie unterheben. Den Winter-Waldorf-Salat mit dem Käse und
den Nüssen bestreuen und lauwarm servieren.

Das Zitronen-Frischkäse-Dressing passt auch zu:
Blattsalaten, Chicorée, Gurken, Zucchini, Schwarzwurzeln und rohen
Champignons. (Dressing pro Portion: ca. 105 kcal, 8 g F, 2 g EW, 7 g KH)

Statt mit Zitrone können Sie das Dressing mal mit ½–1 TL Lemon Myrtle würzen. Das australische Kraut hat ein frisch-zitroniges Aroma, ohne allzu sauer zu schmecken.

Avocado-Tomaten-Salat mit Nachos und Garnelen

Für 2 Personen
45 Min. Zubereitung
Pro Portion: ca. 600 kcal, 49 g F,
25 g EW, 14 g KH

2 Bio-Limetten
200 g küchenfertige, geschälte
    und rohe Garnelen
1 EL Olivenöl
Salz
frisch gemahlener grüner Pfeffer
400 g Tomaten
1 rote Chilischote
2 Bund Koriandergrün
2 Avocados
50 g Nachos (mex. Maischips)

1 Die Limetten heiß waschen und trocken reiben. Schale abreiben, ca. 4 EL Saft auspressen. Die Garnelen kalt abbrausen, trocken tupfen und im Öl in ca. 4 Min. rosa braten. Herausnehmen, salzen und pfeffern. Den Bratsatz mit 2 EL Limettensaft lösen und über die Garnelen geben.

2 Die Tomaten waschen, halbieren, entkernen und würfeln, dabei die Stielansätze wegschneiden. Tomaten salzen und pfeffern. Die Chilischote längs halbieren, entkernen, waschen und sehr fein hacken. Das Koriandergrün abbrausen, trocken schütteln und mit den zarten Stängeln hacken. Die Avocados halbieren und entkernen. Das Fruchtfleisch aus den Schalen lösen, würfeln und mit übrigem Limettensaft beträufeln.

3 Die Tomaten- und Avocadowürfel mit Garnelen, Chili, Koriandergrün und Limettenschale mischen. Einige Nachos zerkrümeln und darüberstreuen, die restlichen Nachos dazu reichen.

Klassischer Kartoffelsalat

Für 2 Personen
50 Min. Zubereitung +
1 Std. Marinieren
Pro Portion: ca. 485 kcal, 24 g F,
9 g EW, 58 g KH

800 g kleine festkochende
    Kartoffeln (z. B. »La Ratte«)
Salz
100 g Schalotten
400 ml Fleisch- oder
    Gemüsebrühe
½ Bund Schnittlauch
2 EL Aceto bianco
    (oder Apfelessig)
½ TL Zucker
1 EL Dijonsenf
frisch gemahlener
    schwarzer Pfeffer
3 EL Olivenöl

1 Die Kartoffeln waschen und in Salzwasser in 18–20 Min. gar kochen.

2 Inzwischen die Schalotten schälen, fein würfeln und mit der Brühe aufkochen, dann beiseitestellen. Den Schnittlauch waschen, trocken schütteln und in feine Röllchen schneiden.

3 Die gegarten Kartoffeln abgießen und etwas ausdampfen lassen. Kartoffeln noch warm pellen und in dünne Scheiben schneiden. In einer Schüssel mit der warmen Brühe samt den Schalottenwürfeln begießen.

4 Den Essig mit Zucker, Dijonsenf, Salz und Pfeffer mischen, dann nach und nach das Öl unterschlagen. Mit dem Schnittlauch zu der Kartoffel-Brühe-Mischung geben und alles gut vermischen. Den Kartoffelsalat mind. 1 Std. durchziehen lassen, dabei öfter umrühren.

Kartoffelsalat mit Eiern und Joghurt-Mayonnaise

Für 2 Personen
25 Min. Zubereitung + 20 Min.
Garen (Kartoffeln)
Pro Portion: ca. 440 kcal, 29 g F,
20 g EW, 24 g KH

250 g kleine festkochende
   Kartoffeln (z. B. »La Ratte« oder
   Bamberger Hörnchen)
Salz
4 Eier
100 g längliche Radieschen
1 Mini-Gurke (ca. 80 g)
2 Stangen Staudensellerie
½ Beet Kresse

Joghurt-Mayonnaise:
1 hart gekochtes Eigelb
   (von oben)
2 TL Dijonsenf
2 EL Olivenöl
50 g Joghurt (3,8 %)
1 TL Sherryessig
Salz
frisch gemahlener
   schwarzer Pfeffer
Cayenne

1 Die Kartoffeln waschen und in Salzwasser in 18–20 Min. gar kochen, dann abgießen und etwas ausdampfen lassen. Die Kartoffeln noch warm pellen und dann etwas abkühlen lassen.

2 Die Eier in ca. 10 Min. hart kochen. Inzwischen die Radieschen, die Mini-Gurke und die Selleriestangen waschen. Die Radieschen putzen und in feine Scheibchen schneiden oder hobeln. Die Gurke mit der Schale in dünne Scheiben hobeln. Die Selleriestangen putzen, entfädeln, waschen und ebenfalls in dünne Scheibchen hobeln.

3 Die hart gekochten Eier kalt abschrecken und pellen. 1 Ei halbieren, das Eigelb herauslösen und für die Mayonnaise beiseitestellen. Das übrige Eiweiß und 1 weiteres Ei grob hacken. Die restlichen Eier längs vierteln.

4 Für die Joghurt-Mayonnaise:
Das beiseitegestellte Eigelb durch ein Sieb streichen und mit Senf und Olivenöl glatt rühren. Dann den Joghurt dazugeben und alles zu einer dicklichen Creme verrühren. Die Joghurt-Mayonnaise mit Sherryessig, Salz, Pfeffer und Cayenne pikant abschmecken.

5 Die Kartoffeln in Scheiben schneiden und mit den Gemüsescheiben und der Joghurt-Mayonnaise mischen. Die gehackten Eier vorsichtig unterheben. Die geviertelten Eier auf dem Salat verteilen. Die Kresse vom Beet schneiden und über den Kartoffelsalat streuen.

Die Joghurt-Mayonnaise passt auch zu:
Gehobeltem Kohl, geraspelten Möhren, zu Romanasalat und Chicorée. Auch zu Sellerie, Gurken, Zucchini und rohen Champignons. Zu sanft gegartem Fischfilet, Garnelen, Hähnchenbrustfilet und Nudelsalaten. (Mayonnaise pro Portion: ca. 190 kcal, 19 g F, 3 g EW, 2 g KH)

Forellen-Avocado-Salat mit Meerrettich-Dill-Dressing

Für 2 Personen
40 Min. Zubereitung
Pro Portion: ca. 510 kcal, 38 g F, 22 g EW, 19 g KH

1 Mini-Romanasalat
150 g Staudensellerie
1 Avocado
125 g geräuchertes Forellenfilet ohne Haut
1 Scheibe Pumpernickel oder 4 Pumpernickel-Taler (à ca. 9 g)

Meerrettich-Dill-Dressing:
1 Bio-Zitrone
150 g Doppelrahm-Frischkäse
2 TL Agavensirup
1 Stück frischer Meerrettich (ca. 30 g)
Kräutersalz
frisch gemahlener grüner Pfeffer
4 Stängel Dill

1 Für das Meerrettich-Dill-Dressing:
Die Zitrone heiß waschen und trocken reiben. 1 TL Schale abreiben und 2 TL Saft auspressen. Den Frischkäse mit Zitronensaft, Agavensirup und 2–3 EL Wasser glatt rühren. Den Meerrettich schälen und fein reiben, drei Viertel davon unter den Frischkäse rühren.

2 Die Frischkäse-Mischung mit Kräutersalz, Pfeffer und Zitronenschale abschmecken. Evtl. noch 1 Spritzer Zitronensaft dazugeben. Den Dill abbrausen und trocken schütteln, die Spitzen abzupfen und bis auf einen kleinen Rest hacken und unter das Dressing mischen.

3 Den Romanasalat putzen, in Blätter teilen, waschen und trocken schleudern oder tupfen. Die Blätter quer in breite Streifen schneiden und eine Platte damit auslegen. Den Sellerie putzen, entfädeln, waschen und quer in dünne Scheibchen schneiden. Selleriescheibchen über den Salat streuen. Die Avocado halbieren und entkernen, das Fruchtfleisch aus den Schalen lösen, klein schneiden und zum Salat geben.

4 Das Forellenfilet in mundgerechte Stücke teilen oder schneiden, auf dem Salat verteilen und mit dem restlichen Meerrettich bestreuen.

5 Das Dressing in Klecksen auf dem Forellen-Avocado-Salat verteilen. Das Pumpernickel zerkrümeln und darüberstreuen. Den Salat mit den restlichen Dillspitzen garnieren und sofort servieren.

Das Meerrettich-Dill-Dressing passt auch zu:
Pellkartoffeln, Roten Beten, Heringsfilet und Gurken. (Dressing pro Portion: ca. 230 kcal, 19 g F, 5 g EW, 9 g KH)

Statt mit Räucherfisch können Sie den Salat auch sehr gut mit Mozzarellascheiben, grünen Bohnen oder hart gekochten Eiern anreichern.

Feiner Wurstsalat
in leichter Apfelessig-Vinaigrette

Für 2 Personen
35 Min. Zubereitung +
30 Min. Marinieren
Pro Portion: ca. 475 kcal, 34 g F,
23 g EW, 20 g KH

350 g Fenchelknollen
1 Birne
40 g Parmesan
3–4 schmale Frühlingszwiebeln
1 Bund glatte Petersilie
150 g Mortadella in feinen
   Scheiben

Apfelessig-Vinaigrette:
2 EL Apfelessig
90 ml Fleischbrühe
Salz
frisch gemahlener grüner Pfeffer
4 TL Dijonsenf
2 TL flüssiger Honig
   (z. B. Akazienhonig)
2 TL Olivenöl

1 Für die Apfelessig-Vinaigrette:
Apfelessig und Fleischbrühe mit Salz und Pfeffer verrühren, bis sich das Salz gelöst hat. Dann den Senf und den Honig mit dem Schneebesen unterrühren, zum Schluss das Öl unterschlagen.

2 Den Fenchel putzen und waschen, den Strunk keilförmig herausschneiden, die Stiele entfernen, das Fenchelgrün hacken und beiseitelegen. Den Fenchel in hauchdünne Scheiben hobeln. Die Birne schälen, vierteln, entkernen und quer in ebenfalls sehr dünne Scheiben hobeln, Fenchel- und Birnenscheiben sofort mit der Vinaigrette mischen.

3 Den Parmesan in Späne hobeln. Die Frühlingszwiebeln putzen, waschen und in schmale Ringe schneiden. Die Petersilie abbrausen und trocken schütteln. Die Blättchen abzupfen und bis auf einen kleinen Rest grob hacken. Mortadellascheiben nach Belieben halbieren oder vierteln und etwas aufrollen. Mortadella mit den Parmesanspänen und den Frühlingszwiebeln unter den Fenchel-Birnen-Salat heben.

4 Den Salat mind. 30 Min. durchziehen lassen, dabei öfter behutsam wenden. Den Wurstsalat kurz vor dem Servieren mit den Petersilieblättchen und dem beiseitegelegten Fenchelgrün bestreuen.

Die Apfelessig-Vinaigrette passt auch zu:
Lauwarmem Kartoffelsalat, deftigen Salaten mit Romadur oder Harzer Käse und zu Salaten, die bereits kalorienreichere Zutaten enthalten wie z. B. Avocado. (Vinaigrette pro Portion: ca. 80 kcal, 6 g F, 1 g EW, 5 g KH)

Grüne Gemüse-Julienne im Reisblatt mit Krebs-Wasabi-Mayonnaise

Für 2 Personen
65 Min. Zubereitung
Pro Portion: ca. 610 kcal, 44 g F,
20 g EW, 33 g KH

40 g Lauch (nur weiße Teile)
1 grüne Paprikaschote
100 g Zuckerschoten
1 Bund Koriandergrün
6 runde Reisblätter (ca. 22 cm Ø;
   Asia-Laden)

Krebs-Wasabi-Mayonnaise:

150 g geschälte und gegarte
   Flusskrebse
1 Bio-Limette
frisch gemahlener grüner Pfeffer
80 g Mayonnaise (80 %)
100 g Doppelrahm-Frischkäse
20 g Wasabipaste (Tube)
Salz

1 Für die Krebs-Wasabi-Mayonnaise:
Die Flusskrebse kalt abbrausen, trocken tupfen und längs in Streifen schneiden. Die Limette heiß waschen und trocken reiben. Die Schale abreiben, 1½ EL Saft auspressen. Die Krebse mit dem Limettensaft mischen, kräftig pfeffern und zugedeckt kühl stellen.

2 Den Lauch putzen, gründlich waschen und längs in hauchdünne Streifen schneiden. Die Paprikaschote schälen, die obere Kappe samt Stielansatz und die untere Kappe wegschneiden. Sie werden nicht gebraucht. Den Mittelteil von Kernen und Trennwänden befreien und in dünne Streifen schneiden. Die Zuckerschoten putzen, waschen und ebenfalls längs in Streifchen schneiden. Das Koriandergrün abbrausen, trocken schütteln, mit den zarten Stängeln hacken und mit den Gemüsestreifen mischen. 2 EL der Mischung beiseitelegen.

3 Dann für die Krebs-Wasabi-Mayonnaise:
Die Mayonnaise mit Frischkäse, Wasabi und Limettenschale glatt rühren. Die Krebsstreifen in ein Sieb abgießen, die Marinade auffangen. Erst die Krebsstreifen unter die Mayonnaise mischen, dann nach Geschmack löffelweise die Marinade unterrühren.

4 Ein Brett mit Küchenpapier belegen. In einen großen tiefen Teller Wasser füllen. Die Reisblätter einzeln hineinlegen und in ca. 1 Min. weich werden lassen, dann auf das Küchenpapier legen. Je ein Sechstel der Gemüsemischung in die Mitte jedes Reisblatts legen. Ein Sechstel der Krebs-Mayonnaise darauf verteilen. Den unteren Teil der Reisblätter jeweils über die Gemüse-Mayonnaise-Füllung legen, dann die rechte und linke Seite darüberschlagen und das Blatt nach oben aufrollen.

5 Die Rollen jeweils mit der Naht nach unten auf eine Platte legen, sie dürfen sich dabei nicht berühren, sonst kleben sie zusammen. Rollen mit Frischhaltefolie abdecken und bis zur Verwendung kalt stellen. Zum Servieren mit der beiseitegelegten Gemüsemischung garnieren.

Die Krebs-Wasabi-Mayonnaise passt auch zu:
Grünem Spargel, kurz gegartem Brokkoli, Blumenkohl und zu Blattsalaten. (Mayonnaise pro Portion: ca. 475 kcal, 43 g F, 15 g EW, 5 g KH)

Birnen-Bohnen-Salat
mit Senf-Agavensirup-Dressing

Für 2 Personen
50 Min. Zubereitung
Pro Portion: ca. 710 kcal, 45 g F,
25 g EW, 49 g KH

400 g grüne Bohnen
Salz
1 Dose Kidneybohnen
   (250 g Abtropfgewicht)
1 Bund glatte Petersilie
1 reife, feste Birne (z. B. Abate)
100 g Bacon

Senf-Agaven-sirup-Dressing:
1 EL Dijonsenf
2 TL Agavensirup
Salz
frisch gemahlener
   schwarzer Pfeffer
3 EL Apfelbalsamessig
4 EL Olivenöl

1 Die grünen Bohnen waschen, putzen und in ca. 4 cm lange Stücke schneiden. Die Bohnen in kochendem Salzwasser in 6–8 Min. bissfest garen. Abgießen, eiskalt abschrecken und in eine Schüssel geben.

2 Die Kidneybohnen in ein Sieb abgießen, kalt abbrausen, abtropfen lassen und unter die grünen Bohnen mischen. Die Petersilie abbrausen und trocken schütteln. Die Blättchen abzupfen, hacken und untermischen.

3 Für das Senf-Agavensirup-Dressing: Dijonsenf, Agavensirup, Salz, Pfeffer und Essig mit dem Schneebesen verrühren, dann das Öl nach und nach unterschlagen.

4 Das Dressing über den Salat gießen und gut damit vermischen.

5 Den Bacon nach Belieben kleiner schneiden und in einer Pfanne bei mittlerer Hitze ohne zusätzliches Fett ca. 5 Min. braten, dann wenden und weitere ca. 3 Min. braten. Den Bacon auf Küchenpapier abtropfen lassen.

6 Die Birne waschen oder schälen, vierteln und entkernen. Die Viertel nach Belieben quer in Streifen oder längs in schmale Spalten schneiden und unter den Salat mischen. Den Birnen-Bohnen-Salat mit dem Bacon garnieren und sofort servieren.

Das Senf-Agavensirup-Dressing passt auch zu:
Blattsalaten, geriebener Rohkost, Spargel, Topinambur oder Schwarzwurzeln. (Dressing pro Portion: ca. 320 kcal, 31 g F, 1 g EW, 10 g KH)

Den Bacon können Sie für eine vegetarische Variante gut durch 100 g in Streifen geschnittenen Nuss- oder Räuchertofu ersetzen.

Brathendl-Salat mit Croûtons und Schnittlauch-Vinaigrette

Für 2 Personen
1 Std. 10 Min. Zubereitung
Pro Portion: ca. 755 kcal, 48 g F,
43 g EW, 36 g KH

2 Hähnchenkeulen (à 275 g)
2 TL Olivenöl
Salz
1 TL Delikatess-Paprikapulver
Cayenne
250 g zarter weißer Rettich
1 Bund Radieschen
1 Laugenbrezel (85 g)
2 EL Butter

Schnittlauch-Vinaigrette:
1 EL Apfelessig
Salz
frisch gemahlener grüner Pfeffer
2 TL Dijonsenf
1 TL Agavensirup
2 EL Gemüsebrühe
1 EL Olivenöl
½ Bund Schnittlauch

1 Den Backofen auf 200° vorheizen. Die Hähnchenkeulen abbrausen und trocken tupfen. An den Gelenken trennen, das Fett wegschneiden.

2 Das Öl in einer Pfanne erhitzen. Die Hähnchenteile darin in 5–6 Min. bei starker Hitze rundum goldgelb und knusprig anbraten, dann salzen und mit Paprika und Cayenne einreiben. Hähnchenteile in eine ofenfeste Form legen und im heißen Ofen (Mitte) 40–45 Min. backen.

3 Inzwischen den Rettich schälen und in hauchdünne Scheiben hobeln. Die Scheiben kräftig salzen und in einer Schüssel ca. 15 Min. Saft ziehen lassen. Währenddessen die Radieschen waschen, putzen und in feine Scheibchen schneiden oder hobeln.

4 Für die Schnittlauch-Vinaigrette:
Den Apfelessig mit Salz und Pfeffer verrühren, bis sich das Salz gelöst hat. Senf, Agavensirup und die Brühe unterrühren, dann das Olivenöl unterschlagen. Den Schnittlauch abbrausen und trocken schütteln. Schnittlauch in feine Röllchen schneiden und untermischen.

5 Dann den Rettich in ein Sieb geben, abbrausen und gründlich trocken tupfen. Rettich und Radieschen mit der Schnittlauch-Vinaigrette mischen, auf eine Platte geben und bis zum Servieren durchziehen lassen.

6 Für die Croûtons die Laugenbrezel in Scheibchen schneiden und in der Butter unter ständigem Wenden bei starker Hitze goldgelb braten. Die Pfanne vom Herd ziehen, die Croûtons darin warm halten.

7 Die gegarten Hähnchenteile aus dem Ofen nehmen. Das Fleisch auslösen, mit der knusprigen Haut in mundgerechte Stücke schneiden und noch heiß auf dem Salat verteilen. Die warmen Croûtons darüberstreuen. Den Brathendl-Salat sofort servieren.

Die Schnittlauch-Vinaigrette passt auch zu:
Wurzelgemüse (roh und gegart), Gurken, Zucchini, Pellkartoffeln, gekochtem Rindfleisch wie Tafelspitz, weißem Fischfilet, Krabben und hart gekochten Eiern. (Vinaigrette pro Portion: ca. 85 kcal, 8 g F, 1 g EW, 3 g KH)

Pilzsalat mit schwarzem Reis und Walnuss-Vinaigrette

Für 2 Personen
50 Min. Zubereitung +
30 Min. Marinieren
Pro Portion: ca. 490 kcal, 31 g F,
14 g EW, 37 g KH

70 g schwarzer Wildreis
   (ersatzweise roter Camargue-Reis)
Salz
500 g braune Champignons
3 Frühlingszwiebeln
1 EL Olivenöl
frisch gemahlener
   schwarzer Pfeffer
½ Bund glatte Petersilie
25 g Walnusskerne

Walnuss-Vinaigrette:
1 ½ EL Aceto balsamico
2 TL Dijonsenf
1 TL Agavensirup
Salz
frisch gemahlener
   schwarzer Pfeffer 🌶
2 EL Walnussöl

1 Den Reis in kochendem Salzwasser in 35–40 Min. garen. Dann in ein Sieb abgießen, gründlich abbrausen und abtropfen lassen.

2 Inzwischen die Champignons abreiben. Die Stiele herausdrehen und entfernen oder knapp abschneiden. Die Pilze in gut 1 cm dicke Scheiben schneiden, größere vorher halbieren. Die Frühlingszwiebeln putzen und waschen. Weiße und grüne Teile getrennt in Ringe schneiden.

3 Die Pilze in einer großen Pfanne ohne Fett bei starker Hitze anbraten und so lange braten, bis die ausgetretene Flüssigkeit wieder verdampft ist. Dann die Pilze an den Rand schieben, das Öl in die Pfanne geben und das Zwiebelweiß darin unter Rühren 1–2 Min. braten. Pfanne vom Herd nehmen, alles salzen, pfeffern, gut mischen und abkühlen lassen. Dann die grünen Zwiebelringe untermischen.

4 Für die Walnuss-Vinaigrette:
Den Essig mit Dijonsenf, Agavensirup, Salz und Pfeffer verrühren, zum Schluss das Walnussöl unterschlagen.

5 Die Petersilie abbrausen und trocken schütteln. Die Blättchen abzupfen und grob hacken. Die Walnusskerne hacken. Die Pilzmischung mit dem Reis und dem Dressing mischen und ca. 30 Min. durchziehen lassen. Die Petersilie unterheben und die Walnusskerne darüberstreuen.

Die Walnuss-Vinaigrette passt auch zu:
Blattsalaten, besonders Feldsalat, zu Chicorée, rohem und gegartem Sellerie, Schwarzwurzeln, Möhren und Kürbis. (Dressing pro Portion: ca. 120 kcal, 11 g F, 1 g EW, 4 g KH)

Für Vanille-Pfeffer ein paar trockene Vanilleschoten in 5 mm kleine Stückchen schneiden. Jeweils ca. 1 EL Vanille-Stücke mit ca. 2 EL schwarzen Pfefferkörnern mischen und in die Mühle geben.

TO GO

Kürbis-Quinoa-Salat
mit Ahornsirup-Pfeffer-Dressing

Für 2 Personen
40 Min. Zubereitung +
30 Min. Marinieren
Pro Portion: ca. 480 kcal, 23 g F,
9 g EW, 57 g KH

50 g rote Quinoa
Salz
2 kleine Bund Frühlingszwiebeln
500 g Hokkaido-Kürbis
   (ungeputzt)
1 ½ EL Olivenöl
1 EL Apfelessig
½ Bund glatte Petersilie

Ahornsirup-Pfef-fer-Dressing:
1 EL Ahornsirup
1 TL Dijonsenf
2 EL Apfelessig
Salz
1 EL Macadamiaöl oder Mandelöl
1 TL eingelegter grüner Pfeffer

1 Die Quinoa in ein Sieb abgießen und heiß abbrausen. Zum Schluss mit kochend heißem Wasser übergießen, um alle Bitterstoffe zu entfernen. Abtropfen lassen und in Salzwasser nach Packungsangabe in ca. 25 Min. gar kochen. Abgießen und ausdampfen lassen.

2 Inzwischen die Frühlingszwiebeln putzen und waschen, weiße Teile in 1 cm lange Stücke schneiden, grüne in schmale Ringe.

3 Den Kürbis waschen, harte oder schadhafte Stellen auf der Schale wegschneiden. Die Kerne und Fasern entfernen. Das Kürbisfruchtfleisch in knapp 2 cm dicke Streifen, dann in Stücke schneiden.

4 Das Öl in einer Pfanne erhitzen. Die Kürbisstücke darin unter Rühren bei mittlerer Hitze ca. 5 Min. braten. Salzen, dann das Zwiebelweiß dazugeben und 1–2 Min. mitbraten. Alles mit dem Apfelessig ablöschen, den Kürbis zugedeckt bei mittlerer Hitze in 3–4 Min. bissfest garen.

5 Für das Ahornsirup-Pfeffer-Dressing:
Den Ahornsirup mit Dijonsenf, Apfelessig und Salz verrühren, dann das Macadamia- oder Mandelöl unterschlagen. Den Pfeffer abbrausen, trocken tupfen, grob hacken und in das Dressing geben. Wer es schärfer mag, kann auch etwas mehr Pfeffer verwenden.

6 Den noch warmen Kürbis mit der Quinoa und dem Dressing mischen. Die Petersilie abbrausen und trocken schütteln. Die Blättchen abzupfen, grob hacken und mit den grünen Zwiebelringen unter den Salat heben. Den Kürbis-Quinoa-Salat mind. 30 Min. ziehen lassen.

Das Ahornsirup-Pfeffer-Dressing passt auch zu:
Blattsalaten, roh geraspeltem Sellerie, zu Zucchini, Schwarzwurzeln und rohen Champignons. Besonders gut zu Avocado. (Dressing pro Portion: ca. 105 kcal, 8 g F, 0 g EW, 7 g KH)

Möhrensalat im Fladenbrot
mit Cashew-Dressing

Für 2 Personen
35 Min. Zubereitung
Pro Portion: ca. 570 kcal, 34 g F,
13 g EW, 52 g KH

800 g Möhren
2 EL Olivenöl
2 TL brauner Zucker
2 dünne Fladenbrote
   (Tortilla-Fladen; à ca. 50 g)
Salz
frisch gemahlener
   schwarzer Pfeffer

Cashew-Dressing:
1 Bund Dill
1 Bio-Limette
100 ml Gemüsebrühe
60 g Cashewmus (ersatzweise
   weißes Mandelmus)
Salz
frisch gemahlener
   schwarzer Pfeffer
Cayenne

1 Die Möhren schälen und in 5 mm dicke Stifte hobeln oder schneiden.

2 Für das Cashew-Dressing:
Den Dill abbrausen und trocken schütteln, die Spitzen abzupfen und hacken. Die Limette heiß waschen und trocken reiben. Die Limettenschale abreiben und den Saft auspressen.

3 Das Olivenöl in einer Pfanne erhitzen. Die Möhrenstifte darin unter Rühren in 5–6 Min. bissfest braten. Mit dem braunen Zucker bestreuen und unter Rühren karamellisieren lassen. Die Möhrenstifte aus der Pfanne nehmen und mit Salz und Pfeffer würzen.

4 Dann für das Cashew-Dressing:
Den Bratsatz in der Pfanne mit der Brühe ablöschen, das Cashewmus einrühren. Das Dressing soll eher dicklich sein. Alles mit Salz, Pfeffer, Cayenne, Limettenschale und zunächst 2 TL Limettensaft abschmecken. Nach Belieben etwas mehr Limettensaft dazugeben. Den Dill unterheben.

5 Die Möhren mittig auf die Fladenbrote geben, das Cashew-Dressing darüberlöffeln und die Brote zu Wraps einschlagen und aufrollen.

Das Cashew-Dressing passt auch zu:
Roh geraspeltem und kurz in der Pfanne gegartem Kürbis, Sellerie und Blumenkohl. (Dressing pro Portion: ca. 175 kcal, 12 g F, 6 g EW, 10 g KH)

Sobanudel-Spitzkohl-Salat mit Ente und Orangen-Tahin-Dressing

Für 2 Personen
1 Std. Zubereitung
Pro Portion: ca. 710 kcal, 44 g F,
39 g EW, 39 g KH

½ kleiner Spitzkohl (ca. 300 g)
Salz
70 g Sobanudeln
  (jap. Buchweizennudeln;
  Asia- oder Bio-Laden)
1 kleine Möhre
½ rote Chilischote
1 Frühlingszwiebel
½ Bund Koriandergrün
250 g Entenbrustfilet mit Haut
1 TL Rapsöl
frisch gemahlener
  schwarzer Pfeffer
25 g geröstete, gesalzene
  Erdnusskerne

Orangen-Tahin-Dressing:

50 g helles Tahin (Sesampaste)
100 ml Orangensaft
Salz
2 TL Limettensaft
frisch gemahlener grüner Pfeffer

1 Äußere Blätter vom Kohl entfernen, Kohl ohne Strunk in feinste Streifen hobeln, mit 1 TL Salz bestreuen und 2–3 Min. mit den Händen kräftig durchkneten, bis der Kohl leicht glasig und geschmeidig wird.

2 Die Nudeln in kochendem Wasser in ca. 5 Min. (oder nach Packungsangabe) garen, dabei öfter umrühren. Nudeln in ein Sieb abgießen und eiskalt abschrecken. Abtropfen lassen und mit dem Kohl mischen.

3 Die Möhre schälen und in feine Juliennestreifen hobeln oder schneiden. Die Chilischote längs halbieren, entkernen, waschen und quer in feine Streifen schneiden. Die Frühlingszwiebel putzen, waschen und in feine Ringe schneiden. Das Koriandergrün abbrausen, trocken schütteln und bis auf einen kleinen Rest mit den zarten Stängeln hacken. Möhren, Chili und gehackten Koriander unter den Salat heben.

4 Für das Orangen-Tahin-Dressing:
Tahin nach und nach mit dem Orangensaft verrühren, bis das Dressing cremige Konsistenz hat. Mit Salz, Limettensaft und Pfeffer würzen.

5 Das Dressing zum Salat geben und gründlich untermischen. Den Salat mind. 30 Min. durchziehen lassen. Inzwischen eine ofenfeste Form in die Mitte des Backofens stellen. Den Backofen auf 160° vorheizen.

6 Die Entenbrust abbrausen und trocken tupfen. Die Haut rautenförmig einritzen und salzen. Entenbrust im Öl mit der Hautseite nach unten bei mittlerer Hitze in ca. 10 Min. goldbraun anbraten, salzen und pfeffern. Wenden und kurz weiterbraten, dann mit der Fettseite nach oben im heißen Ofen (Mitte) in ca. 15 Min. innen rosa garen. Entenbrust aus dem Ofen nehmen, in Alufolie wickeln und ca. 5 Min. ruhen lassen.

7 Inzwischen die Erdnüsse grob hacken. Die Entenbrust aus der Folie wickeln, in Scheiben schneiden und auf dem Salat anrichten. Frühlingszwiebelringe, Korianderblättchen und Erdnüsse darüberstreuen.

Das Orangen-Tahin-Dressing passt auch zu:
Romana- und Feldsalat, Mangold, Spinat, grünem Spargel, Kürbis und zu Rohkost. (Dressing pro Portion: ca. 175 kcal, 13 g F, 6 g EW, 7 g KH)

Nudelsalat mit Schinken und klassischem Mayonnaise-Dressing

Für 2 Personen
25 Min. Zubereitung +
30 Min. Marinieren
Pro Portion: ca. 650 kcal, 36 g F,
24 g EW, 57 g KH

Salz
120 g kurze Nudeln (z. B. Fusilli)
100 g TK-Erbsen
1 Bund glatte Petersilie
1 dicke Scheibe gekochter
Schinken (ca. 100 g)
75 g gegrillte rote Paprikaschoten
(Glas)

Mayonnaise-Dressing:
50 g Mayonnaise (80 %)
100 g Schmand (24 %)
25 g Tomatenmark
2 TL Worcestershire-Sauce
1 TL Dijonsenf
1 TL Apfelessig
frisch gemahlener
schwarzer Pfeffer
Cayenne

1 Für die Nudeln in einem Topf reichlich Salzwasser aufkochen. Die Nudeln darin nach Packungsangabe al dente kochen, dann in ein Sieb abgießen, eiskalt abschrecken und abkühlen lassen.

2 Gleichzeitig in einem kleinen Topf die tiefgekühlten Erbsen in wenig Salzwasser bei schwacher bis mittlerer Hitze in ca. 6 Min. zugedeckt garen. Die Erbsen abgießen und eiskalt abschrecken.

3 Die Petersilie abbrausen und trocken schütteln. Die Blättchen abzupfen und hacken. Den Schinken klein würfeln. Die Paprika abtropfen lassen und ebenfalls klein würfeln. Die Nudeln in einer Schüssel mit Erbsen, Paprika, Petersilie und Schinken mischen.

4 Für das Mayonnaise-Dressing:
Die Mayonnaise mit Schmand, Tomatenmark, Worcestershire-Sauce, Dijonsenf und Apfelessig glatt rühren. Das Mayonnaise-Dressing mit Salz, Pfeffer und Cayenne pikant abschmecken.

5 Die Nudel-Schinken-Mischung mit dem Mayonnaise- Dressing gründlich verrühren und den Salat mind. 30 Min. durchziehen lassen.

Das Mayonnaise-Dressing passt auch zu:
Cole Slaw und zu Salaten mit Eiern, Garnelen oder Reis. (Dressing pro Portion: ca. 320 kcal, 31 g F, 3 g EW, 6 g KH)

Statt Schinken
können Sie auch
1 dickere Scheibe
jungen Gouda
oder Fetakäse
klein würfeln und
untermischen.

Für 2 Personen
40 Min. Zubereitung
Pro Portion: ca. 505 kcal, 43 g F,
19 g EW, 11 g KH

Peperonata-Salat mit Feta, Rucola und Oliven

700 g rote Paprikaschoten
2 EL Olivenöl
Salz
frisch gemahlener
    schwarzer Pfeffer
2 TL Aceto balsamico
2–3 TL frische Thymianblättchen
1 TL Schwarzkümmel
20 g entsteinte schwarze Oliven
200 g Fetakäse
50 g Rucola

1 Die Paprika mit einem Tomatenschäler dünn schälen, vierteln, entkernen und waschen. Das Fruchtfleisch in 2 × 2 cm große Stücke schneiden.

2 Das Olivenöl in einer Pfanne erhitzen. Paprikastücke darin bei starker Hitze unter Rühren 3–4 Min. anbraten, dann bei mittlerer Hitze unter gelegentlichem Rühren in ca. 8 Min. weich braten. Mit Salz, Pfeffer und Essig würzen. Thymian und Schwarzkümmel untermischen.

3 Die Oliven in Ringe schneiden und dazugeben. Den Fetakäse trocken tupfen, quer halbieren, dann in 1 cm große Würfel schneiden und ebenfalls unter die Paprika-Mischung heben.

4 Den Rucola verlesen, abbrausen und trocken schleudern. Die Stiele abknipsen. Rucola vor dem Servieren unter den Peperonata-Salat heben.

Für 2 Personen
40 Min. Zubereitung
Pro Portion: ca. 500 kcal, 33 g F,
30 g EW, 21 g KH

Chili-con-Carne-Salat mit Hackbällchen

100 g rote Zwiebeln
2 EL Olivenöl
1 Knoblauchzehe
1 Dose Kidneybohnen
    (250 g Abtropfgewicht)
Salz
frisch gemahlener
    schwarzer Pfeffer
1 grüne Chilischote
½ Bund Frühlingszwiebeln
100 g Tomaten | 1 kleine Avocado
1 EL Limettensaft
150 g Beefsteak-Hack
1 kleines Eigelb
½ Bund Koriandergrün

1 Zwiebeln schälen, in Streifen schneiden und in 1 EL Öl in ca. 7 Min. bei schwacher Hitze garen. Knoblauch schälen, fein hacken und kurz mitgaren. Die Bohnen abgießen, kalt abbrausen, abtropfen lassen und mit den Zwiebeln in einer Schüssel mischen, salzen und pfeffern.

2 Die Chili längs halbieren, entkernen, waschen und fein hacken. Die Frühlingszwiebeln putzen, waschen und in feine Ringe schneiden. Die Tomaten waschen, halbieren, entkernen und würfeln. Avocado halbieren und entkernen. Das Fruchtfleisch auslösen, würfeln, mit dem Limettensaft beträufeln, salzen und pfeffern. Alles mit den Bohnen mischen.

3 Hack und Eigelb verkneten, salzen und pfeffern. 16 Bällchen aus der Masse formen und im übrigen Öl in 4–5 Min. rundum goldbraun braten. Koriander abbrausen, trocken schütteln, mit den zarten Stängeln hacken und über den Salat streuen. Salat mit den Hackbällchen anrichten.

Süßkartoffel-Ananas-Salat mit Erdnuss-Chili-Dressing

Für 2 Personen
45 Min. Zubereitung +
30 Min. Marinieren
Pro Portion: ca. 495 kcal, 18 g F,
11 g EW, 71 g KH

350 g Süßkartoffeln
4 Frühlingszwiebeln
1 EL Olivenöl
100 ml Orangensaft
200 ml Gemüsebrühe
130 g Staudensellerie
250 g frische Ananas
1 rote Chilischote

Erdnuss-Chili-Dressing:

1 Bio-Limette
40 g cremige Erdnussbutter
3 EL Gemüsebrühe
40 g süße Chilisauce
1 Knoblauchzehe
Salz

1 Die Süßkartoffeln schälen, waschen und in gut 1 cm große Würfel schneiden. Die Frühlingszwiebeln putzen und waschen. Die weißen und grünen Teile getrennt in Ringe schneiden.

2 Das Olivenöl in einer Pfanne erhitzen. Das Zwiebelweiß darin bei schwacher Hitze andünsten, die Süßkartoffeln dazugeben und bei stärkerer Hitze unter Rühren ca. 3 Min. anbraten. Orangensaft und Brühe angießen. Alles aufkochen und offen ca. 12 Min. garen, bis die Süßkartoffeln gar, aber nicht zu weich sind und die Flüssigkeit nahezu eingekocht ist.

3 Inzwischen den Sellerie putzen, entfädeln, waschen und quer in Scheibchen schneiden. Die Ananas schälen, alle schwarzen »Augen« und den Strunk entfernen. Das Fruchtfleisch ca. 1 cm groß würfeln.

4 Die Chilischote längs halbieren, entkernen, waschen und in sehr feine Würfel schneiden. Das Koriandergrün abbrausen, trocken schütteln und mit den zarten Stängeln grob hacken.

5 Für das Erdnuss-Chili-Dressing:
Die Limette heiß waschen und trocken reiben. 1 TL Schale abreiben, 2 EL Saft auspressen. Die Erdnussbutter mit der Gemüsebrühe und dem Limettensaft glatt rühren. Die Chilisauce untermischen. Den Knoblauch schälen, sehr fein hacken und mit der Limettenschale dazugeben. Das Erdnuss-Chili-Dressing mit Salz abschmecken.

6 Die gegarten Süßkartoffeln lauwarm mit Ananas, Sellerie und Chili mischen. Das Dressing dazugeben und vorsichtig unterheben. Den Salat mind. 30 Min. ziehen lassen, dabei öfter wenden. Den Salat kurz vor dem Servieren mit Zwiebelgrün und Koriandergrün bestreuen.

Das Erdnuss-Chili-Dressing passt auch zu:
Möhren, Kürbis, Sellerie, Topinambur, Roten Beten (alle roh geraspelt oder kurz gegart). Zu Romanasalat, Mangold und Chicorée. (Dressing pro Portion: ca. 175 kcal, 9 g F, 7 g EW, 16 g KH)

Räucherlachs-Salat
mit Honig-Dill-Dressing

Für 2 Personen
30 Min. Zubereitung
Pro Portion: ca. 680 kcal, 46 g F,
40 g EW, 26 g KH

250 g Tomaten
1 kleines Bund Frühlingszwiebeln
100 g Senfgurken (Glas)
200 g geräucherter Lachs in
   Scheiben
4 Pumpernickel-Taler (à ca. 9 g)
1 EL Butter

Honig-Dill-Dressing:
2 EL Dijonsenf
1 EL flüssiger Honig
   (z. B. Akazienhonig)
2 TL Apfelbalsamessig
Salz
frisch gemahlener grüner Pfeffer
2 EL Olivenöl
4–5 Stängel Dill

1 Für das Honig-Dill-Dressing:
Den Senf mit Honig, Essig, Salz und Pfeffer glatt rühren. Nach und nach das Olivenöl unterschlagen. Den Dill abbrausen und trocken schütteln, die Spitzen abzupfen, fein hacken und unter das Dressing mischen.

2 Die Tomaten waschen, halbieren, entkernen und sehr fein würfeln, dabei die Stielansätze wegschneiden. Die Frühlingszwiebeln putzen, waschen und in schmale Ringe schneiden. Die Senfgurken abtropfen lassen und in kleine Würfel schneiden.

3 Die Lachsscheiben in ca. 2 × 2 cm große Stücke schneiden und mit den Tomaten, den Frühlingszwiebeln und den Senfgurken locker mischen. Das Honig-Dill-Dressing dazugeben und vorsichtig unterheben.

4 Zum Schluss die Pumpernickel-Taler mit der Butter bestreichen und mit dem Räucherlachs-Salat servieren.

Das Honig-Senf-Dressing passt auch zu:
Kaltem Fischfilet, Kartoffeln, Garnelen und Blattsalaten mit Krabben.
(Dressing pro Portion: ca. 200 kcal, 17 g F, 1 g EW, 11 g KH)

Den Räucherlachs können Vegetarier gut durch Avocado ersetzen. Dazu 1 reife Avocado halbieren und entkernen. Das Fruchtfleisch aus den Schalen lösen, würfeln und mit dem Dressing unterheben.

Salat aus gebackenem Ofengemüse mit Orient-Dressing

Für 2 Personen
50 Min. Zubereitung
Pro Portion: ca. 500 kcal, 29 g F,
8 g EW, 51 g KH

2 EL Olivenöl
250 g Steckrübe
350 g Hokkaido- oder Butter-
   nut-Kürbis (ungeputzt)
150 g Möhren
Salz
4 saftige Datteln
1 großes Bund glatte Petersilie
20 g Mandelblättchen

Orient-Dressing:
2 EL Granatapfelmelasse
   (türk. Feinkostgeschäft)
2 EL Gemüsebrühe
1 TL Harissapaste (Tube)
1 TL Baharat (orientalische
   Gewürzmischung)
Salz
1 EL Olivenöl

1 Den Backofen auf 220° vorheizen. Eine ofenfeste Form mit ½ EL Öl ausstreichen. Die Steckrübe schälen, waschen und in ca. 2 cm große Würfel schneiden. Hokkaido-Kürbis waschen, harte Stellen auf der Schale wegschneiden, Butternut schälen. Kerne und Fasern gründlich entfernen, das Kürbisfruchtfleisch in ca. 3 cm große Stücke schneiden. Die Möhren schälen, längs vierteln und in knapp 1 cm große Stücke schneiden.

2 Steckrüben-, Kürbis- und Möhrenstücke in der Form mischen, mit dem übrigem Öl beträufeln und salzen. Das Gemüse im heißen Ofen (Mitte) in ca. 25 Min. nicht zu weich garen, dabei gelegentlich wenden.

3 Inzwischen die Datteln halbieren, entkernen und quer in Streifen schneiden. Die Petersilie abbrausen und trocken schütteln. Die Blättchen abzupfen und grob hacken. Die Mandeln in einer Pfanne ohne Fett goldgelb rösten und auf einem Teller abkühlen lassen.

4 Für das Orient-Dressing:
Die Granatapfelmelasse mit Brühe, Harissa, Baharat und Salz verrühren, zum Schluss das Olivenöl unterschlagen.

5 Das heiße Gemüse mit dem Orient-Dressing mischen und lauwarm abkühlen lassen, dabei ab und zu wenden. Die Datteln und die Hälfte der Petersilie unterheben, restliche Petersilie und Mandeln darüberstreuen.

Das Orient-Dressing passt auch zu:
Raspelsalaten aus rohem Sellerie oder Topinambur. Sehr gut zu Roten Beten. (Dressing pro Portion: ca. 110 kcal, 8 g F, 0 g EW, 10 g KH)

Harissa und Baharat geben die typische Orient-Note. Harissa besteht aus Chilis, Knoblauch und Kreuz-kümmel. Ersatzweise Sambal Oelek und Kreuz-kümmel verwenden. Baharat ist eine Mischung mit Paprika, Pfeffer, Koriander, Kreuzkümmel und Zimt. Ersatzweise Ras el Hanout nehmen.

Kokos-Möhren-Julienne mit Spießen und Chili-Limetten-Dressing

Für 2 Personen
50 Min. Zubereitung
Pro Portion: ca. 435 kcal, 26 g F, 27 g EW, 23 g KH

300 g Möhren
40 g frisches Kokosnuss-
   Fruchtfleisch ohne Schale
3 Frühlingszwiebeln
1 Bund Koriandergrün
1 kleines Stück frischer Ingwer
   (ca. 15 g)
1 kleine rote Chilischote
1 Knoblauchzehe
1 großes Hähnchenbrustfilet
   (ca. 180 g)
1 kleines Eigelb
Salz
15 g gemahlene Mandeln
1 Msp. Kurkuma- oder Currypulver
abgeriebene Schale von
   1 Bio-Limette
1 ½ EL Rapsöl

Chili-Limetten-Dressing:
1 EL Limettensaft
1 EL Tamari (Sojasauce)
3 EL süße Chilisauce

1 Die Möhren schälen und in feine Juliennestreifen hobeln oder schneiden. Das Kokosnuss-Fruchtfleisch fein hobeln. Die Frühlingszwiebeln putzen, waschen und quer in 3 cm große Stücke schneiden, dann längs in dünne Streifen. Das Koriandergrün abbrausen, trocken schütteln und mit den zarten Stängeln hacken. Die Hälfte davon mit den Möhren-, Kokosnuss- und den Zwiebelstreifen mischen.

2 Für das Chili-Limetten-Dressing:
Den Limettensaft mit Tamari und Chilisauce verrühren.

3 Das Dressing über das Gemüse geben und gut untermischen. Den Salat bis zum Servieren öfter wenden.

4 Für die Spieße den Ingwer schälen und fein reiben. Die Chilischote längs halbieren, entkernen, waschen und fein würfeln. Den Knoblauch schälen und ebenfalls fein würfeln. Das Hähnchenbrustfilet abbrausen, trocken tupfen und fein hacken.

5 Hähnchenhack mit Eigelb, ½ TL Salz, Mandeln und Kurkuma oder Curry verkneten. Limettenschale, Ingwer, Chili, Knoblauch und übriges Koriandergrün einarbeiten. Aus der Masse 12 Bällchen formen und etwas platt drücken. Im heißen Öl bei starker Hitze anbraten, dann bei mittlerer Hitze ca. 5 Min. weiterbraten, dabei öfter wenden. Auf Küchenpapier abtropfen lassen. Je 2 Bällchen auf Holzspieße stecken.

6 Den Salat auf zwei Teller verteilen und mit je 3 Spießen anrichten.

Das Chili-Limetten-Dressing passt auch zu:
Reis- oder Reisnudelsalaten und Asia-Salaten mit Mango oder Papaya.
(Dressing pro Portion: ca. 60 kcal, 0 g F, 1 g EW, 14 g KH)

Für authentischen Asia-Geschmack den Salat statt mit Tamari mit Fischsauce aromatisieren.

Rotkohl-Graupen-Salat
mit Walnuss-Apfel-Vinaigrette

Für 2 Personen
50 Min. Zubereitung +
1–2 Std. Marinieren
Pro Portion: ca. 520 kcal, 27 g F,
10 g EW, 61 g KH

100 g Perlgraupen
1 Schalotte
2 TL Olivenöl
400 ml Gemüsebrühe
1 Lorbeerblatt
350 g Rotkohl
Salz
1 kleiner Apfel
20 g Walnusskerne

Walnuss-Apfel-
Vinaigrette:
3 EL Apfelessig
Salz
1 TL Dijonsenf
2 TL Apfeldicksaft
frisch gemahlener
  schwarzer Pfeffer
2 EL Walnussöl

1 Die Graupen in einem Sieb abbrausen. Die Schalotte schälen, fein würfeln und im heißem Olivenöl glasig andünsten. Die Graupen dazugeben und kurz anbraten. Die Gemüsebrühe und das Lorbeerblatt dazugeben und die Graupen bei geringer Hitze ca. 30 Min. garen, dabei immer wieder umrühren. Dann die Graupen in ein Sieb abgießen, abtropfen und abkühlen lassen, das Lorbeerblatt entfernen.

2 Inzwischen vom Rotkohl die äußeren Blätter entfernen, den Kohl ohne Strunk in feinste Streifen hobeln oder schneiden. Rotkohlstreifen in einer Schüssel mit 1 TL Salz 2–3 Min. verkneten (Einweghandschuhe verwenden!), bis der Kohl weich und glänzend wird.

3 Für die Walnuss-Apfel-Vinaigrette:
Den Apfelessig mit Salz, Senf und dem Apfeldicksaft glatt rühren und kräftig mit Pfeffer würzen. Nach und nach das Öl unterschlagen.

4 Rotkohl und Graupen mit dem Dressing mischen. Den Apfel waschen oder schälen, vierteln und entkernen. Die Viertel quer feinblättrig schneiden und sofort unter den Salat mischen. Den Salat zugedeckt 1–2 Std. durchziehen lassen, dabei gelegentlich umrühren. Vor dem Servieren die Walnusskerne grob hacken und darüberstreuen.

Die Walnuss-Apfel-Vinaigrette passt auch zu:
Feldsalat, Babyleaves, Mangold und Rohkost aus Möhren, Sellerie oder Roten Beten. (Vinaigrette pro Portion: ca. 160 kcal, 14 g F, 0 g EW, 7 g KH)

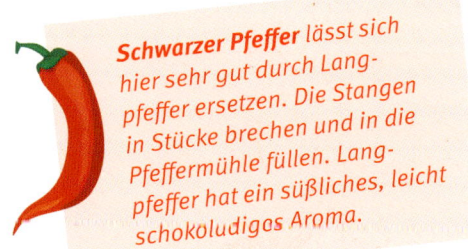

Schwarzer Pfeffer lässt sich hier sehr gut durch Langpfeffer ersetzen. Die Stangen in Stücke brechen und in die Pfeffermühle füllen. Langpfeffer hat ein süßliches, leicht schokoludigas Aroma.

Suppengrün-Salat im Pitabrot mit Pfeffer-Feta-Creme

Für 2 Personen
40 Min. Zubereitung
Pro Portion: ca. 640 kcal, 38 g F,
26 g EW, 47 g KH

300 g Knollensellerie
200 g Möhren
80 g Petersilienwurzel
1 dünne Stange Lauch (ca. 100 g)
2 EL Olivenöl
frisch gemahlener
    schwarzer Pfeffer
Salz
1 EL Zitronensaft
2 Pitabrote (à ca. 65 g)

Pfeffer-Feta-Creme:
200 g Fetakäse
100 g Doppelrahm-Frischkäse
2 TL Agavensirup
2 TL eingelegter grüner Pfeffer
½ Bund Schnittlauch
½ Beet Kresse

1 Knollensellerie, Möhren und Petersilienwurzel schälen, waschen und in 5 mm große Würfel schneiden. Den Lauch putzen, gründlich waschen und in sehr dünne Ringe schneiden.

2 Das Olivenöl in einer Pfanne erhitzen. Die Möhren- und Petersilienwurzelwürfel darin unter Rühren bei mittlerer Hitze ca. 2 Min. braten. Dann die Selleriewürfel dazugeben und ca. 3 Min. unter Rühren mitbraten. Zum Schluss den Lauch untermischen und noch ca. 1 Min. mitbraten. Das Gemüse pfeffern, leicht salzen und mit dem Zitronensaft beträufeln. Dann in eine Schüssel umfüllen und abkühlen lassen.

3 Für die Pfeffer-Feta-Creme:
Den Feta trocken tupfen, zerbröckeln und mit dem Frischkäse und dem Agavensirup in einen Rührbecher geben und mit dem Pürierstab fein pürieren. Den Pfeffer abbrausen, trocken tupfen und grob hacken. Den Schnittlauch abbrausen, trocken schütteln und in kleine Röllchen schneiden. Die Kresse vom Beet schneiden und mit dem Schnittlauch und dem Pfeffer unter die Feta-Creme mischen.

4 Pitabrote nach Packungsangabe im Toaster oder Backofen aufbacken, dann jeweils quer einschneiden, dabei die Brote aber nicht ganz durchschneiden. Zuerst 1 EL Pfeffer-Feta-Creme in jede »Tasche« füllen, dann das Gemüse daraufgeben und zum Schluss wieder 1 EL Creme. Den Suppengrün-Salat im Pitabrot sofort servieren.

Die Pfeffer-Feta-Creme passt auch zu:
Möhren, Kürbis, Sellerie, Zucchini, Tomaten und Kartoffeln. (Creme pro Portion: ca. 280 kcal, 21 g F, 17 g EW, 6 g KH)

Tomaten-Eier-Salat
mit Petersilien-Kürbiskern-Pesto

Für 2 Personen
30 Min. Zubereitung
Pro Portion: ca. 535 kcal, 45 g F,
24 g EW, 8 g KH

4 Eier
350 g Kirschtomaten
Salz
frisch gemahlener
    schwarzer Pfeffer

Petersilien-Kürbis-
kern-Pesto:
1 Bund Basilikum
1 Bund glatte Petersilie
1 Knoblauchzehe
40 g Kürbiskerne
Salz
frisch gemahlener
    schwarzer Pfeffer
3 EL Olivenöl

1 Die Eier in ca. 10 Min. hart kochen. Inzwischen die Tomaten waschen und halbieren oder vierteln, die Stielansätze dabei wegschneiden.

2 Die hart gekochten Eier eiskalt abschrecken und pellen. Die Eier in Viertel schneiden und diese nach Belieben noch einmal quer halbieren. Tomaten und Eier getrennt salzen und pfeffern.

3 *Für das Petersilien-Kürbiskern-Pesto:*
Basilikum und Petersilie abbrausen und trocken schütteln. Die Blättchen abzupfen und grob hacken. Den Knoblauch schälen und hacken. Kräuter und Knoblauch mit den Kürbiskernen im Blitzhacker nicht zu fein zerkleinern. Die zunächst krümelige Mischung in eine Schüssel geben, mit Salz und Pfeffer würzen, dann das Öl untermischen.

4 Das Petersilien-Kürbiskern-Pesto erst vorsichtig mit den Tomaten mischen, dann die Eier behutsam unterheben.

Das Petersilien-Kürbiskern-Pesto passt auch zu:
Weißem und grünem Spargel, Sellerie, Artischocken, Zucchini, Avocado, grünen Bohnen, Pilzen, Mozzarella, Feta und Pasta. (Pesto pro Portion: ca. 330 kcal, 32 g F, 7 g EW, 3 g KH)

Fleischsalat
mit Essig-Öl-Mayonnaise

Für 2 Personen
25 Min. Zubereitung +
30 Min. Marinieren
Pro Portion: ca. 520 kcal, 39 g F,
31 g EW, 11 g KH

1 großes Bund Radieschen
125 g Cornichons
100 g eingelegte Silberzwiebeln
1 kleines Bund Schnittlauch
250 g Schweinebraten-Aufschnitt

Essig-Öl-Mayonnaise:
2 EL Dijonsenf
3 EL Apfelessig
Salz
frisch gemahlener
    schwarzer Pfeffer
2 EL Rapsöl
50 g Mayonnaise (80 %)

1 Die Radieschen waschen, putzen und in 2–3 mm dicke Stifte schneiden oder hobeln. Die Cornichons in ein Sieb abgießen und abtropfen lassen. Cornichons längs in Scheiben schneiden und diese längs halbieren. Die Silberzwiebeln ebenfalls in ein Sieb abgießen und abtropfen lassen. Silberzwiebeln je nach Größe ganz lassen oder halbieren.

2 Den Schnittlauch abbrausen, trocken schütteln und in feine Röllchen schneiden. Den Schweinebraten-Aufschnitt in ca. 3 mm breite und 4–5 cm lange Streifen schneiden.

3 Für die Essig-Öl-Mayonnaise:
Den Dijonsenf mit Essig, Salz und Pfeffer verrühren. Dann das Rapsöl unterschlagen und zum Schluss die Mayonnaise unterrühren. Die Essig-Öl-Mayonnaise soll eine homogene Konsistenz haben.

4 Die Essig-Öl-Mayonnaise mit den Radieschen, Cornichons, Silberzwiebeln, Schnittlauchröllchen und Fleischstreifen mischen. Den Fleischsalat mind. 30 Min. durchziehen lassen, dabei öfter wenden.

Die Essig-Öl-Mayonnaise passt auch zu:
Kaltem Fischfilet, Kartoffeln, Artischocken und weißen Bohnenkernen. Auch zu gegartem und abgekühltem Fenchel, Kohlrabi und Blumenkohl. (Mayonnaise pro Portion: ca. 335 kcal, 35 g F, 2 g EW, 3 g KH)

Für 2 Personen
30 Min. Zubereitung
Pro Portion: ca. 630 kcal, 48 g F,
37 g EW, 13 g KH

Mediterraner Sardinen-Salat

3 Eier
20 g Pinienkerne
1 Mini-Romanasalat
1 kleiner Radicchio
100 g Kirschtomaten
1 Dose Ölsardinen
   (Abtropfgewicht 150 g)
2 EL Aceto balsamico
Salz
frisch gemahlener
   schwarzer Pfeffer
2 EL Olivenöl
30 g Sardellenfilets in Öl
30 g entsteinte grüne Oliven

1 Die Eier in ca. 10 Min. hart kochen. Inzwischen die Pinienkerne in einer Pfanne ohne Fett goldgelb rösten. Die Salate putzen, in Blätter teilen, waschen und trocken schleudern oder tupfen und in sehr feine Streifen schneiden. Zwei Teller mit den Salatstreifen auslegen.

2 Die hart gekochten Eier kalt abschrecken, pellen und halbieren. Die Tomaten waschen und halbieren oder vierteln, die Stielansätze dabei wegschneiden. Die Sardinen abtropfen lassen, in mundgerechte Stücke teilen und mit den Eierhälften und Tomaten auf den Salaten verteilen.

3 Den Essig mit Salz und Pfeffer verrühren, dann das Öl unterschlagen. Die Vinaigrette über die Salate träufeln. Die Sardellenfilets abtropfen lassen und über die Eierhälften legen. Die Oliven in Ringe schneiden und mit den Pinienkernen darüberstreuen.

Für 2 Personen
35 Min. Zubereitung
Pro Portion: ca. 500 kcal, 34 g F,
20 g EW, 31 g KH

Rollmops-Salat mit roten Zwiebeln und grünem Apfel

150 g rote Zwiebeln
3 EL Rapsöl
2 TL Zucker
2 EL Apfelessig
Salz
frisch gemahlener grüner Pfeffer
1 Mini-Romanasalat
300 g gegarte Rote Bete
   (vakuumverpackt)
1 kleiner grüner Apfel
4 Rollmöpse (ca. 250 g)
4–5 Stängel Dill

1 Zwiebeln schälen und in dünne Streifen schneiden. Im Öl in 6–7 Min. weich dünsten. Mit dem Zucker bestreuen und unter Rühren karamellisieren lassen. Zwiebeln mit dem Essig ablöschen, salzen und pfeffern.

2 Inzwischen den Salat putzen, in Blätter teilen, waschen und trocken schleudern oder tupfen. Die Blätter quer in Streifen schneiden und auf zwei Teller verteilen. Die Rote-Bete-Knollen in dünne Scheiben schneiden, darauflegen und leicht salzen. Den Apfel waschen, vierteln, entkernen, quer feinblättrig schneiden und über die Roten Beten streuen. Die heißen Zwiebeln mit der Flüssigkeit darüber verteilen.

3 Die Rollmöpse trocken tupfen und quer in je 3–4 Scheiben schneiden. Falls sie auseinanderfallen, die Röllchen jeweils mit einem Zahnstocher fixieren. Die Röllchen auf den Salaten anrichten. Den Dill abbrausen und trocken schütteln, die Spitzen abzupfen. Die Salate damit garnieren.

Bohnen-Kartoffel-Salat mit Meerrettich-Vinaigrette

Für 2 Personen
40 Min. Zubereitung +
30 Min. Marinieren
Pro Portion: ca. 450 kcal, 20 g F,
30 g EW, 37 g KH

300 g kleine festkochende
  Kartoffeln
Salz
300 g grüne Bohnen
1 Bund glatte Petersilie
200 g Roastbeef-Aufschnitt
frisch gemahlener
  schwarzer Pfeffer

Meerrettich-Vinaigrette:
1 EL Ahornsirup
2 EL Apfelessig
Salz
frisch gemahlener
  schwarzer Pfeffer
1 TL Dijonsenf
2 EL Olivenöl
2 EL Gemüsebrühe
1 kleines Stück frischer
  Meerrettich (ca. 15 g;
  ersatzweise aus dem Glas)

1 Die Kartoffeln waschen und in Salzwasser in 18–20 Min. gar kochen. In ein Sieb abgießen, etwas ausdampfen lassen und noch warm pellen. Die Kartoffeln dann leicht abkühlen lassen.

2 Inzwischen die grünen Bohnen waschen, putzen und je nach Größe quer halbieren oder dritteln. Die Bohnen über Dampf in 10–12 Min. garen, in ein Sieb geben und eiskalt abschrecken.

3 Die Petersilie abbrausen und trocken schütteln. Die Blättchen abzupfen und ganz lassen oder grob hacken. Die abgekühlten Kartoffeln in Scheiben schneiden und mit den Bohnen und der Petersilie mischen.

4 Für die Meerrettich-Vinaigrette:
Ahornsirup und Essig mit Salz und Pfeffer verrühren. Dann mit dem Schneebesen Senf, Öl und Brühe unterrühren. Zum Schluss den Meerrettich schälen, fein reiben und untermischen.

5 Das Gemüse mit der Meerrettich-Vinaigrette mischen und mind. 30 Min. bei Zimmertemperatur durchziehen lassen. Vor dem Servieren die Roastbeef-Scheiben locker aufrollen und auf dem Bohnen-Kartoffel-Salat anrichten. Alles mit Pfeffer frisch übermahlen.

Die Meerrettich-Vinaigrette passt auch zu:
Kartoffel-Apfel-Salat, Gurken, Roten Beten, Salaten mit Fisch. (Dressing pro Portion: ca. 170 kcal, 15 g F, 1 g EW, 8 g KH)

Das Roastbeef können Sie auch durch 4 wachsweich gekochte Eier ersetzen.

Gebratener Blumenkohl mit Belugalinsen und Würzjoghurt

Für 2 Personen
40 Min. Zubereitung
Pro Portion: ca. 610 kcal, 29 g F,
24 g EW, 62 g KH

70 g Belugalinsen
1 Lorbeerblatt
Salz
1 Bund glatte Petersilie
400 g Blumenkohl
2 EL Olivenöl
frisch gemahlener grüner Pfeffer
2 Naanbrote à 60 g
   (ind. Fladenbrote)

Würzjoghurt:
200 g griechischer Joghurt (10 %)
Salz
½ TL Currypulver
1 TL Schale von 1 Bio-Limette
1 kleines Stück frischer Ingwer
   (ca. 10 g)

1 Die Linsen in einem Sieb gründlich abbrausen. Abtropfen lassen, in einen Topf geben, Lorbeerblatt und reichlich Wasser – etwa zwei Fingerbreit über den Linsen – dazugeben und aufkochen. Die Linsen zugedeckt in ca. 25 Min. weich kochen. Dann abgießen, abtropfen lassen und das Lorbeerblatt entfernen. Die Linsen salzen und etwas abkühlen lassen.

2 Inzwischen die Petersilie abbrausen und trocken schütteln. Die Blättchen abzupfen und bis auf einen kleinen Rest grob hacken. Den Blumenkohl putzen, waschen und in Röschen teilen. (Am besten nur die unteren großen Röschen verwenden). Röschen in 1 cm dicke Scheiben schneiden, dabei entstehende »Krümel« nicht verwenden.

3 Das Olivenöl in einer Pfanne erhitzen. Die Blumenkohlscheiben darin portionsweise nebeneinanderliegend jeweils 6–8 Min braten, dabei gelegentlich vorsichtig wenden. Die Scheiben auf einen Teller geben, wenn nötig, etwas kleiner schneiden, salzen und pfeffern.

4 Für den Würzjoghurt:
Den Joghurt mit Salz, Currypulver und Limettenschale verrühren. Den Ingwer schälen, fein reiben und untermischen.

5 Die Linsen mit der Petersilie und den Blumenkohlscheiben mischen. Den Würzjoghurt darüberlöffeln. Alles mit den übrigen Petersilienblättchen bestreuen. Dazu das Naanbrot essen.

Der Würzjoghurt passt auch zu:
Indischen Dals, pürierten Suppen und ofengebackenem Wurzelgemüse. (Joghurt pro Portion: ca. 145 kcal, 10 g F, 6 g EW, 7 g KH)

DELIGHT

Glasnudel-Algen-Salat mit Ingwer-Sesam-Dressing

Für 2 Personen
30 Min. Zubereitung
Pro Portion: ca. 360 kcal, 21 g F,
6 g EW, 36 g KH

Salz
70 g Glasnudeln (2–3 mm breit)
2–3 EL Gemüsebrühe
7 g getrocknete Wakame-Algen
250 g Austernpilze
2 TL Rapsöl
1 kleine Möhre
½ Bund Koriandergrün
1 EL geschälte Sesamsamen
½ TL Chiliflakes (nach Belieben)

Ingwer-Sesam-Dressing:
1 kleines Stück frischer Ingwer
  (ca. 20 g)
2 EL Reisessig
3 EL Tamari (Sojasauce)
1 EL geröstetes Sesamöl

1 Für das Ingwer-Sesam-Dressing:
Den Ingwer schälen, fein reiben und mit Essig und Tamari verrühren, zum Schluss das Sesamöl unterschlagen.

2 Inzwischen reichlich Salzwasser aufkochen. Die Glasnudeln darin in 3–5 Min. (oder nach Packungsangabe) gar kochen, dann in ein Sieb abgießen und eiskalt abschrecken. Nudeln in eine Schüssel geben und mit dem Dressing mischen. Falls sie das gesamte Dressing aufsaugen, nach und nach etwas Brühe dazugeben, damit sie nicht trocken werden.

3 Die getrockneten Wakame-Algen in reichlich kaltem Wasser ca. 5 Min. einweichen. Sie vergrößern ihr Volumen dabei beträchtlich. Dann die Algen abgießen und behutsam unter die Glasnudeln mischen.

4 Inzwischen die Pilze abreiben, die festen Ansätze wegschneiden, die weichen Teile in 1 cm breite Streifen schneiden. Das Rapsöl in einer Pfanne erhitzen. Die Pilzstreifen darin unter Rühren bei starker Hitze 3–4 Min. braten, bis sie leicht gebräunt sind. Salzen und abkühlen lassen.

5 Die Möhre schälen und in sehr feine Juliennestreifen hobeln oder schneiden. Das Koriandergrün abbrausen, trocken schütteln und mit den zarten Stängeln nicht zu fein hacken. Die Sesamsamen in einer Pfanne ohne Fett bei mittlerer Hitze goldgelb rösten.

6 Pilze, Möhren und die Hälfte des Koriandergrüns unter den Nudel-Algen-Mix mischen, evtl. noch etwas Brühe hinzufügen. Das restliche Koriandergrün und den Sesam über den Salat streuen. Nach Belieben noch den Glasnudel-Algen-Salat mit Chiliflakes bestreuen.

Das Dressing passt auch zu:
Gegartem Blattspinat oder Mangold und zu japanisch angehauchten Salaten mit Reis. (Dressing pro Portion: ca. 80 kcal, 7 g F, 2 g EW, 2 g KH)

Rote-Bete-Haselnuss-Salat mit Granatapfel-Dressing

Für 2 Personen
35 Min. Zubereitung +
2 Std. Marinieren
Pro Portion: ca. 370 kcal, 16 g F,
6 g EW, 49 g KH

350 g gegarte Rote Bete
 (vakuumverpackt)
½ kleiner Granatapfel
100 g kernlose kleine blaue
 Trauben
½ Bund frischer Dill
25 g geröstete, gehackte Haselnusskerne (Backzutaten)

Granatapfel-Dressing:
2 EL ungesüßte Granatapfelmelasse (türk. Feinkostladen)
Salz
frisch gemahlener
 schwarzer Pfeffer oder Vanille-Pfeffer (s. S. 50)
2 TL Dijonsenf
1 EL geröstetes Haselnussöl

1 Die Rote-Bete-Knollen in 5–7 mm kleine Würfel schneiden. Die Granatapfelhälfte auseinanderbrechen und umstülpen, sodass das Innere nach außen kommt. Nun lassen sich die Kerne leicht herauslösen. Die Trauben abbrausen, trocken tupfen und längs halbieren.

2 Für das Granatapfel-Dressing:
Die Granatapfelmelasse mit dem Salz verrühren, bis es sich gelöst hat. Mit Pfeffer und Senf verrühren, dann das Öl unterschlagen.

3 Die Rote-Bete-Würfel, Granatapfelkerne und halbierten Trauben mit dem Granatapfel-Dressing mischen und alles mind. 2 Std. zugedeckt im Kühlschrank marinieren, dabei öfter umrühren.

4 Den Dill abbrausen und trocken schütteln, die Spitzen abzupfen und bis auf einen kleinen Rest fein hacken. Den gehackten Dill unter den Salat heben, die Haselnusskerne darüberstreuen und den Rote-Bete-Salat mit den restlichen Dillspitzen dekorieren.

Das Granatapfel-Dressing passt auch zu:
Avocado, Möhren, Kürbis, Baby-Mangoldblättern oder zartem Blattspinat.
(Dressing pro Portion: ca. 120 kcal, 7 g F, 1 g EW, 13 g KH)

Für Tonka-Salz 100 g grobes Steinsalz mit 2–3 Tonkabohnen mischen und in die Mühle füllen. Nach kurzer Zeit hat das Salz das mandelartige Tonka-Aroma angenommen, das mit Rote Bete und auch Kürbis oder Möhren harmoniert.

Wassermelonen-Feta-Salat mit Pistazien-Minz-Pesto

Für 2 Personen
40 Min. Zubereitung
Pro Portion: ca. 340 kcal, 24 g F,
11 g EW, 19 g KH

1 großes Stück **Wassermelone**
(ungeputzt; ca. 500 g)
1 EL Limettensaft
frisch gemahlener grüner Pfeffer
40 g Rucola
100 g Fetakäse

Pistazien-Minz-Pesto:
40 g geröstete, gesalzene
Pistazien in der Schale
4–5 Stängel glatte Petersilie
4–5 Stängel Minze
2 TL Limettensaft
1 TL Agavensirup
Salz
frisch gemahlener grüner Pfeffer
1 EL Pistazienöl
(ersatzweise Olivenöl)

1 Die Melone schälen und entkernen. Es sollten ca. 350 g Fruchtfleisch übrigbleiben. Das Fruchtfleisch in mundgerechte Stücke schneiden, mit Limettensaft beträufeln, pfeffern und etwas durchziehen lassen.

2 *Für das Pistazien-Minz-Pesto:*
Die Pistazien aus den Schalen lösen. Die Kräuter abbrausen und trocken schütteln. Die Blättchen abzupfen, einige Minzeblättchen beiseitelegen, die restlichen Kräuter grob hacken.

3 Pistazien und Kräuter mit dem Limettensaft im Blitzhacker nicht zu fein zerkleinern. Die zunächst krümelige Mischung in eine Schüssel geben, mit Agavensirup, Salz und Pfeffer würzen. Dann das Öl untermischen.

4 Rucola verlesen, abbrausen und trocken schleudern. Die Stiele abknipsen. Die Rucolablätter auf zwei Teller verteilen.

5 Den Feta trocken tupfen, zerbröckeln und vorsichtig mit den Melonenstücken mischen. Die Mischung auf dem Salatbett verteilen und das Pistazien-Minz-Pesto in Klecksen daraufsetzen. Den Salat mit den restlichen Minzeblättchen garnieren.

Das Pistazien-Minz-Pesto passt auch zu:
Blattsalaten mit Mozzarella und zu frischen oder gegrillten Früchten wie Nektarinen, Ananas, Apfel und Birne. Besonders gut zu Avocado. (Pesto pro Portion: ca. 135 kcal, 12 g F, 2 g EW, 4 g KH)

Avocado-Erbsen-Salat mit Reisbällchen und Miso-Dressing

Für 2 Personen
50 Min. Zubereitung +
25 Min. Ausquellen (Reis) +
15 Min. Marinieren
Pro Portion: ca. 550 kcal, 30 g F,
15 g EW, 54 g KH

100 g Klebreis
    (ersatzweise Sushi-Reis)
Salz
½ TL Schwarzkümmel
2 EL geschälte Sesamsamen
2 EL Rapsöl
300 g TK-Erbsen
1 kleine Salatgurke (ca. 300 g)
Kräutersalz
frisch gemahlener grüner Pfeffer
je 3–4 Stängel Minze, Dill und
    glatte Petersilie
1 große reife Avocado

Miso-Dressing:
15 g weißes Miso
2 EL Reisessig
2 TL Agavensirup
Salz
frisch gemahlener grüner Pfeffer

1 Für die Bällchen den Klebreis in ein Sieb abgießen und kalt abbrausen, bis das Wasser klar ist. In einem Topf mit ca. 250 ml Wasser (oder nach Packungsangabe) und 1 Prise Salz aufkochen und ca. 1 Min. offen kochen lassen. Reis vom Herd nehmen und zugedeckt 20–25 Min. quellen, dann abkühlen lassen und den Schwarzkümmel untermischen.

2 Aus dem Reis 6–8 Bällchen formen und im Sesam wälzen. Das Öl in einer kleinen Pfanne erhitzen. Die Bällchen darin in ca. 5 Min. rundum goldbraun braten. Auf Küchenpapier abtropfen und abkühlen lassen.

3 Für das Miso-Dressing:
Erst das weiße Miso mit dem Reisessig verrühren, dann den Agavensirup, Salz und Pfeffer mit dem Schneebesen untermischen.

4 Die tiefgekühlten Erbsen in wenig Salzwasser (nach Packungsangabe) aufkochen und zugedeckt ca. 4 Min. dünsten. In ein Sieb abgießen, eiskalt abbrausen, abtropfen lassen und in eine Schüssel geben.

5 Die Gurke schälen, längs halbieren und mit einem kleinen Löffel entkernen. Die Gurkenhälften längs in Streifen schneiden, dann quer in Stückchen. Mit Kräutersalz und Pfeffer würzen und unter die Erbsen mischen. Die Kräuter abbrausen und trocken schütteln. Die Blättchen und Spitzen abzupfen und bis auf einen kleinen Rest grob hacken. Die gehackten Kräuter unter den Salat mischen.

6 Die Avocado halbieren und entkernen. Das Fruchtfleisch aus den Schalen lösen und würfeln, nach Belieben auch einen kleinen Teil zum Garnieren in Spalten schneiden. Avocadowürfel und -spalten sofort mit dem Miso-Dressing mischen. Die Würfel unter den Salat heben und alles ca. 15 Min. durchziehen lassen, dabei öfter umrühren. Vor dem Servieren die Reisbällchen und evtl. die Avocadospalten auf dem Salat verteilen. Alles mit den restlichen Kräuterblättchen bestreuen.

Das Miso-Dressing passt auch zu:
Chicorée, rohem Knollensellerie, Staudensellerie, Gurken oder Zucchini, rohem und gegarten Spargel und zu Austernpilzen und Champignons. (Dressing pro Portion: ca. 30 kcal, 1 g F, 1 g EW, 5 g KH)

Romanesco-Haselnuss-Taboulé mit Coffee-Dressing

Für 2 Personen
20 Min. Zubereitung +
30 Min. Marinieren
Pro Portion: ca. 365 kcal, 30 g F,
9 g EW, 14 g KH

½ Romanesco (ca. 350 g;
    ersatzweise Brokkoli oder
    Blumenkohl)
2 Bund glatte Petersilie
50 g geröstete und gehackte
    Haselnusskerne (Backzutaten)

Coffee-Dressing:

2 EL Apfelessig
2 EL Apfelsaft
    (ersatzweise Gemüsebrühe)
Salz
frisch gemahlener
    schwarzer Pfeffer
2 TL Dijonsenf
2 TL Agavensirup
1 TL frisch gemahlene Kaffee-
    bohnen
¼ TL Cayenne
2 EL geröstetes Haselnussöl

1 Für das Coffee-Dressing:
Essig und Apfelsaft mit Salz und Pfeffer verrühren, bis sich das Salz gelöst hat. Dijonsenf und Agavensirup unterrühren und alles mit Kaffeepulver und Cayenne würzen. Dann das Haselnussöl unterschlagen.

2 Den Romanesco waschen und die Röschen auf einer scharfen Reibe fein-krümelig reiben. Die Petersilie abbrausen und trocken schütteln. Die Blättchen abzupfen und nicht zu fein hacken.

3 Die Romanescokrümel mit der Petersilie und den Haselnüssen mischen, mit dem Coffee-Dressing begießen und mischen. Den Salat unter häufigem Wenden mind. 30 Min. durchziehen lassen.

Das Coffee-Dressing passt auch zu:
Schwarzwurzeln, Topinambur und Kürbis. Zu Rohkost aus Möhren, Sellerie oder Roten Beten. Sehr gut auch zu Babyleaves mit Mozzarella. (Dressing pro Portion: ca. 155 kcal, 14 g F, 1 g EW, 6 g KH)

Das Kaffeepulver können Sie durch das australische Wattle-seed ersetzen. Dieses Gewürz hat ein warm-nussiges Röstaroma und harmoniert sehr gut mit den gerösteten Haselnüssen und dem gerösteten Öl.

Taboulé
mit Hummus

Für 2 Personen
35 Min. Zubereitung
Pro Portion: ca. 475 kcal, 28 g F,
14 g EW, 41 g KH

60 g Bulgur
½ TL Ras el Hanout
ca. 150 ml Gemüsebrühe
200 g Tomaten
2 Bund glatte Petersilie
2–3 Stängel frische Minze
½ Bund Frühlingszwiebeln
1 Bio-Zitrone
2 EL Olivenöl
Salz

Hummus:
1 Knoblauchzehe
125 g Kichererbsen (aus der Dose)
1 EL Zitronensaft
1 EL helles Tahin (Sesampaste)
75 g Joghurt (3,8 %)
Salz
¼ TL gemahlener Kreuzkümmel
2 TL Olivenöl
¼ TL Schwarzkümmel

1 Für das Hummus:
Den Knoblauch schälen und fein hacken. Die Kichererbsen in ein Sieb abgießen und abtropfen lassen, mit dem Knoblauch in einen Rührbecher geben, Zitronensaft, Tahin und Joghurt dazugeben und alles mit dem Pürierstab fein pürieren, evtl. 1–2 EL Wasser dazugeben.

2 Hummus mit Salz und Kreuzkümmel würzen. In zwei Schälchen geben, mit dem Olivenöl beträufeln und mit dem Schwarzkümmel bestreuen.

3 Den Bulgur mit Ras el Hanout mischen und in der Brühe nach Packungsangabe garen. Auflockern und ausdampfen lassen.

4 Inzwischen die Tomaten mit kochendem Wasser überbrühen, häuten, entkernen und klein würfeln, dabei die Stielansätze wegschneiden.

5 Petersilie und Minze abbrausen und trocken schütteln. Die Blättchen abzupfen und fein hacken. Die Frühlingszwiebeln putzen und waschen, weiße Teile fein hacken, grüne in schmale Ringe schneiden.

6 Die Zitrone heiß waschen und trocken reiben. 1 TL Schale abreiben, den Zitronensaft auspressen und mit der Schale und ½ TL Salz verrühren, dann das Öl unterschlagen. Das Dressing über den Salat geben und gut mischen. Taboulé mit Hummus servieren.

Hummus passt auch zu:
Gemüsestiften, Rohkost und sehr gut zu gekochtem, kaltem Blumenkohl.
(Hummus pro Portion: ca. 210 kcal, 13 g F, 7 g EW, 14 g KH)

Spargel-Zitronen-Salat mit Fisch und Brühe-Petersilien-Dressing

Für 2 Personen
55 Min. Zubereitung
Pro Portion: ca. 440 kcal, 26 g F,
37 g EW, 12 g KH

1 kg grüner Spargel
1 Bio-Zitrone
1 Knoblauchzehe
30 g Pinienkerne
2 EL Olivenöl
Kräutersalz
frisch gemahlener grüner
  Pfeffer 🌶
Fleur de Sel (nach Belieben)
4 Rotbarbenfilets (à 70 g)
Salz

Brühe-Petersilien-
Dressing:
1 Bund glatte Petersilie
75 ml Gemüsebrühe
2 TL Zitronensaft

1 Den Spargel im unteren Drittel schälen, die holzigen Teile wegschneiden. Die Spargelstangen in ca. 5 cm lange Stücke schneiden, die dickeren Stücke längs halbieren, die Spitzen beiseitelegen.

2 Die Zitrone heiß waschen und trocken reiben. Die beiden Endstücke großzügig abschneiden, davon die Schale abreiben und ca. 2 TL Saft auspressen. Das Mittelstück in dünne Scheiben schneiden und diese halbieren. Den Knoblauch schälen und fein hacken. Die Pinienkerne ohne Fett goldgelb rösten und auf einem Teller abkühlen lassen.

3 Die Spargelstücke in einer Pfanne in 1 EL Olivenöl unter Rühren ca. 3 Min. braten. Dann die Spargelspitzen dazugeben und noch 1–2 Min mitbraten. Spargel mit Kräutersalz und Pfeffer würzen und aus der Pfanne nehmen. Den Knoblauch ca. 1 Min. darin braten, dann die Zitronenscheiben dazugeben und 1–2 Min. unter Wenden mitbraten. Knoblauch und Zitronenscheiben unter den Spargel mischen.

4 Für das Brühe-Petersilien-Dressing:
Die Petersilie abbrausen, trocken schütteln und grob hacken. Den Bratsatz mit Brühe und Zitronensaft ablöschen. Die Petersilie unterheben.

5 Das Dressing über den Salat geben, die Pinienkerne darüberstreuen, nach Belieben noch etwas Fleur de Sel darübergeben.

6 Die Fischfilets salzen und pfeffern. Im restlichen Öl von jeder Seite in 3–4 Min. goldbraun braten. Auf dem Salat anrichten und sofort servieren.

Das Brühe-Petersilien-Dressing passt auch zu:
Pellkartoffeln, Krabben, Gurken und Tomaten. Wird es ohne Bratsatz zubereitet, zusätzlich 1 EL Olivenöl unterrühren. (Dressing pro Portion: ca. 90 kcal, 8 g F, 1 g EW, 2 g KH)

Anstelle des grünen Pfeffers probieren Sie mal grünen Szechuanpfeffer – mit seinem zitronig-frischen Aroma perfekt zu Fisch!

Grünkern-Pastinaken-Salat mit Schweinemedaillons

Für 2 Personen
50 Min. Zubereitung
Pro Portion: ca. 390 kcal, 19 g F,
23 g EW, 30 g KH

80 g Grünkern
250 ml Gemüse- oder Fleischbrühe
1 Bio-Zitrone
2 TL Dijonsenf
1 TL flüssiger Honig
 (z. B. Akazienhonig)
Salz
frisch gemahlener
 schwarzer Pfeffer
2 EL Olivenöl
170 g Pastinaken
1 Bund glatte Petersilie
150 g Schweinefilet

1 Grünkern in der Brühe in ca. 30 Min. zugedeckt bei schwacher Hitze gar kochen und abkühlen lassen. Inzwischen die Zitrone heiß waschen und trocken reiben, Schale abreiben und 2 EL Saft auspressen.

2 Zitronensaft mit Senf, Honig, Salz und Pfeffer verrühren, dann 1½ EL Öl unterschlagen. Die Pastinaken schälen, grob raffeln und sofort mit dem Dressing mischen. Die Petersilie abbrausen, trocken schütteln, grob hacken und unter die Pastinaken mischen. Sobald der Grünkern lauwarm abgekühlt ist, diesen mit der Brühe ebenfalls untermischen.

3 Das Schweinefilet in 4 Medaillons schneiden und diese mit Salz würzen. Das restliche Öl in einer Pfanne erhitzen. Die Medaillons darin bei starker Hitze anbraten, dann die Medaillons bei schwächerer Hitze von jeder Seite noch knapp 2 Min. braten. Die Medaillons herausnehmen, pfeffern und mit dem Salat anrichten.

Zucchinisalat mit Omelett-Würfeln

Für 2 Personen
40 Min. Zubereitung
Pro Portion: ca. 330 kcal, 26 g F,
16 g EW, 9 g KH

400 g Zucchini
2 EL Olivenöl
Salz
frisch gemahlener
 schwarzer Pfeffer
3 Frühlingszwiebeln
20 g Tomatenmark
¼ TL Harissapaste (Tube)
100 ml Gemüsebrühe
1 TL Zitronensaft
3 Eier
100 g Kirschtomaten
4–5 Zweige Thymian
1–2 Zweige Rosmarin
1 Bund glatte Petersilie

1 Die Zucchini waschen, putzen, in Würfel oder Scheiben schneiden und in 1 EL Öl 5–6 Min. braten. Salzen, pfeffern und aus der Pfanne nehmen. Frühlingszwiebeln putzen und waschen, weiße Teile hacken, grüne in Ringe schneiden und zu den Zucchini geben. Erneut 1 TL Öl in der Pfanne erhitzen, Zwiebelweiß darin kurz anbraten. Tomatenmark und Harissa dazugeben, unter Rühren kurz anrösten und mit der Brühe ablöschen. Alles mit Zitronensaft abschmecken und unter die Zucchini rühren.

2 Inzwischen für das Omelett die Eier glatt rühren, salzen, pfeffern und in einer kleinen Pfanne im restlichen Öl bei schwacher Hitze zu einem Omelett braten. Auf einen Teller gleiten und abkühlen lassen.

3 Die Tomaten waschen und halbieren. Kräuter abbrausen und trocken schütteln. Die Blättchen abzupfen, hacken und mit den Tomaten unter die Zucchini heben. Das Omelett würfeln und darüber verteilen.

Salat mit Omelett-Schnecken und Agavensirup-Vinaigrette

Für 2 Personen
40 Min. Zubereitung
Pro Portion: ca. 430 kcal, 38 g F,
14 g EW, 9 g KH

2 Eier
125 g Doppelrahm-Frischkäse
Salz
frisch gemahlener
   schwarzer Pfeffer
1 EL Butter
25 g Tomatenmark
½ TL Sambal Oelek oder
   1 TL Sambal Manis
1 Mini-Romanasalat
1 kleiner Kohlrabi (ca. 200 g)
½ Beet Kresse

Agavensirup-Vinaigrette:
1 EL Apfelessig
1 TL Agavensirup
1 ½ EL Olivenöl
Salz
frisch gemahlener
   schwarzer Pfeffer

1 Die Eier trennen. Die Eigelbe mit 1 EL Frischkäse glatt rühren, ohne dass sich Bläschen bilden. Die Mischung salzen und pfeffern, dann die Eiweiße einrühren, bis die Masse glatt und homogen ist.

2 In einer kleinen Pfanne in jeweils einem Drittel der Butter nacheinander bei schwacher Hitze drei kleine Omeletts braten. Die Omeletts auf Küchenpapier abkühlen lassen und das Fett abtupfen.

3 Für die Füllung den restlichen Frischkäse mit Tomatenmark und Sambal Oelek oder Manis verrühren, salzen und pfeffern. Nach Belieben die Frischkäsefüllung noch mit etwas mehr Sambal verschärfen. Jeweils ein Drittel der Füllung auf jedes Omelett streichen. Die Omeletts aufrollen und quer in »Schnecken« schneiden.

4 Den Romanasalat putzen, in Blätter teilen, waschen und trocken schleudern oder tupfen und quer in Streifen schneiden. Den Kohlrabi putzen, schälen und auf einer groben Reibe raspeln.

5 Für die Agavensirup-Vinaigrette:
Den Apfelessig mit dem Agavensirup, Salz und Pfeffer verrühren, zum Schluss das Olivenöl unterschlagen.

6 Salat und Kohlrabi auf zwei Tellern verteilen, die Vinaigrette darüberträufeln. Auf dem Salat die Omelett-Schnecken verteilen. Die Kresse vom Beet schneiden und darüberstreuen.

Die Agavensirup-Vinaigrette passt auch zu:
Blattsalaten, Möhren-Rohkost, Gurkensalat und Salaten aus Tomaten und Eiern. (Vinaigrette pro Portion: ca. 110 kcal, 11 g F, 0 g EW, 2 g KH)

Lauwarmer Salat mit Rindfleisch, Reisnudeln und Thai-Dressing

Für 2 Personen
55 Min. Zubereitung
Pro Portion: ca. 435 kcal, 15 g F,
24 g EW, 49 g KH

70 g dünne Reisnudeln
150 g Rinder-Filetsteak
2 Knoblauchzehen
2 EL Fischsauce
½ TL Zucker
100 g Eisbergsalat
1 kleine Möhre
100 g Salatgurke
10 g Minzeblätter
10 g Thai-Basilikum-Blätter
1 kleine rote Zwiebel
1 EL Rapsöl
frisch gemahlener
    schwarzer Pfeffer
20 g ungesalzene geröstete
    Erdnusskerne

Thai-Dressing:
1 kleine rote Chili
2 EL Fischsauce
2 EL Limettensaft
2 ½ TL Zucker
1 Knoblauchzehe

1 Reichlich Wasser aufkochen. Die Nudeln darin nach Packungsangabe garen, kalt abschrecken, abtropfen lassen und beiseitestellen.

2 Inzwischen das Filet quer zur Faser in dünne Scheibchen schneiden. Den Knoblauch schälen und fein hacken. Die Hälfte davon beiseitelegen, den Rest mit 1 EL Fischsauce und ½ TL Zucker mischen. Das Fleisch mit der Mischung beträufeln und bis zur Verwendung marinieren.

3 Den Salat putzen, in Blätter teilen, waschen und trocken schleudern oder tupfen. Die Salatblätter in Streifen schneiden. Die Möhre schälen und in feine Juliennestreifen hobeln oder schneiden. Die Gurke schälen, längs halbieren und mit einem kleinen Löffel entkernen. Die Gurkenhälften wie die Möhren in feine Streifen schneiden.

4 Die Minze- und Thai-Basilikum-Blätter abbrausen, trocken tupfen und in Streifen schneiden. Die Zwiebel schälen, längs halbieren und in sehr dünne Streifen schneiden. Die Kräuter und Zwiebelstreifen mit den Salat-, Möhren- und Gurkenstreifen mischen. Die Mischung auf zwei Teller verteilen, darauf jeweils die Hälfte der Nudeln geben.

5 Für das Thai-Dressing:
Die Chili längs halbieren, entkernen, waschen und fein hacken. Die Fischsauce mit dem Limettensaft, 2–3 EL Wasser und dem Zucker verrühren. Knoblauch schälen, dazupressen und mit Chili unterrühren.

6 Einen Wok erhitzen, ½ EL Öl darin erhitzen. Die Hälfte des Fleisches darin unter Rühren braten. Herausnehmen und das übrige Fleisch im restlichen Öl braten. Alles zurück in den Wok geben, den übrigen gehackten Knoblauch kurz mitbraten. Das Fleisch mit Pfeffer und evtl. noch etwas Fischsauce würzen. Auf jede Salatportion die Hälfte des Fleisches geben. Die Erdnüsse grob hacken und darüberstreuen. Das Thai-Dressing wird dazu – wie traditionell in Thailand üblich – separat gereicht.

Das Thai-Dressing passt auch zu:
Frischen Frühlingsrollen als Dip oder als Dressing zu Salaten aus Sprossen und Gemüse-Julienne mit Tofu oder Hähnchenfleisch. (Dressing pro Portion: ca. 60 kcal, 0 g F, 2 g EW, 13 g KH)

Schinken-Melone-Salat
mit nussiger Sherry-Vinaigrette

Für 2 Personen
25 Min. Zubereitung
Pro Portion: ca. 360 kcal, 24 g F,
27 g EW, 10 g KH

125 g Endivien-Salatblätter
5 Stängel Minze
½ Galia-Melone (ca. 250 g)
Salz
frisch gemahlener
    schwarzer Pfeffer
150 g Serranoschinken in sehr
    dünnen Scheiben

Sherry-Vinaigrette:
2 TL Sherryessig
Salz
frisch gemahlener
    schwarzer Pfeffer 🌶
1 TL Dijonsenf
1 TL Ahornsirup
2 EL Walnussöl

1 Die Endivien-Salatblätter putzen, waschen und trocken schleudern. Die Blätter etwas kleiner rupfen und eine Platte damit auslegen. Die Minze abbrausen und trocken schütteln. Die Blättchen abzupfen und unter die Salatblätter mischen.

2 Die Melone großzügig schälen. Das Fruchtfleisch nach Belieben in gut 2 cm große Würfel oder sehr schmale Spalten schneiden, mit Salz und Pfeffer würzen und auf dem Salatbett verteilen.

3 Für die Sherry-Vinaigrette:
Den Sherryessig mit Salz und Pfeffer verrühren, dann Senf und Ahornsirup unterrühren, zum Schluss das Walnussöl unterschlagen.

4 Die Sherry-Vinaigrette über die Melonenstücke und Salatblätter träufeln. Die Schinkenscheiben nach Belieben kleiner zupfen, locker aufrollen und auf den Salaten verteilen. Die Schinken-Melonen-Salate mit Pfeffer übermahlen und sofort servieren.

Die Sherry-Vinaigrette passt auch zu:
Rohem und gegartem Wurzelgemüse, zu Schwarzwurzeln, Zucchini, Kürbis und Auberginen. Besoders gut auch zu Pilzen und über Hummus. (Dressing pro Portion: ca. 140 kcal, 14 g F, 0 g EW, 3 g KH)

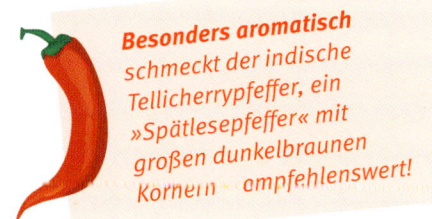

Besonders aromatisch schmeckt der indische Tellicherrypfeffer, ein »Spätlesepfeffer« mit großen dunkelbraunen Kornern – empfehlenswert!

Papaya-Paprika-Salat
mit Krabben und Kräuter-Limetten-Dressing

Für 2 Personen
35 Min. Zubereitung
Pro Portion: ca. 315 kcal, 24 g F,
17 g EW, 8 g KH

200 g geschälte und
    gegarte Büsumer Krabben
    (ersatzweise Eismeer-Krabben)
1 reife Papaya (ca. 350 g)
1 grüne Paprikaschote
frisch gemahlener grüner Pfeffer

Kräuter-Limet-
ten-Dressing:
3 Stängel Dill
2 Stängel Minze
6 Stängel Koriandergrün
1 Bio-Limette
1 TL Dijonsenf
1 TL Agavensirup
Kräutersalz
frisch gemahlener grüner Pfeffer
3 EL Olivenöl

1 Für das Kräuter-Limetten-Dressing:
Die Kräuter abbrausen und trocken schütteln. Die Spitzen und Blättchen abzupfen. Die Korianderblättchen für den Salat beiseitelegen. Dill und Minze mit den zarten Korianderstängeln für das Dressing fein hacken.

2 Die Limette heiß waschen und trocken reiben. Die Limettenschale abreiben, den Saft auspressen. Jeweils die Hälfte von Schale und Saft mit Dijonsenf, Agavensirup, Kräutersalz und Pfeffer verrühren. Dann das Öl unterschlagen und die gehackten Kräuter untermischen. Übrigen Saft und restliche Schale ebenfalls für den Salat beiseitestellen.

3 Die Krabben kalt abbrausen und trocken tupfen. Mit dem Dressing mischen und zugedeckt im Kühlschrank bis zur Verwendung marinieren.

4 Inzwischen die Papaya schälen, halbieren und entkernen. Das Fruchtfleisch in kleine Würfel schneiden. Die Paprika mit einem Tomatenschäler dünn schälen, halbieren, Trennwände und Kerne entfernen. Die Paprikahälften in 3 cm lange und ½ cm breite Streifen schneiden. Restlichen Limettensaft und übrige Limettenschale mit Papaya und Paprika mischen. Pfeffern und etwas durchziehen lassen.

5 Die marinierten Krabben unter die Papaya-Paprika-Mischung heben. Die übrigen Korianderblättchen darüberstreuen und servieren.

Das Kräuter-Limetten-Dressing passt auch zu:
Blattsalaten, Gurken, Zucchini, grünem und weißem Spargel, grünen Bohnen – alle auch in Verbindung mit Reis, Reisnudeln oder grünen Linsen.
(Dressing pro Portion: ca. 150 kcal, 15 g F, 0 g EW, 3 g KH)

Coleslaw mit Thunfisch-Creme

Für 2 Personen
50 Min. Zubereitung
Pro Portion: ca. 350 kcal, 21 g F,
25 g EW, 14 g KH

400 g Spitzkohl
   (ersatzweise Weißkohl)
Salz
150 g Staudensellerie
1 Bund glatte Petersilie
2 Frühlingszwiebeln
5 g Salzkapern

Thunfisch-Creme:
1 Dose Thunfisch in Lake
   (150 g Abtropfgewicht)
5 g Salzkapern
1 Bio-Zitrone
30 g Mayonnaise (80 %)
70 g Doppelrahm-Frischkäse
Salz
frisch gemahlener weißer Pfeffer

1 Vom Spitzkohl die äußeren Blätter entfernen, den Kohl ohne Strunk in feinste Streifen hobeln oder schneiden. Die Streifen in einer Schüssel mit 1 TL Salz verkneten, bis der Kohl weich und glänzend wird. Spitzkohl gründlich abbrausen, abtropfen lassen und restliche Flüssigkeit mit einem Küchentuch gut ausdrücken.

2 Den Staudensellerie putzen, entfädeln, waschen und quer in dünne Scheibchen hobeln. Die Petersilie abbrausen und trocken schütteln. Die Blättchen abzupfen und bis auf einen kleinen Rest grob hacken. Die Frühlingszwiebeln putzen, waschen und quer dritteln. Die Frühlingszwiebeln dann längs in dünne Streifen schneiden.

3 Für die Thunfisch-Creme:
Den Thunfisch in einem Sieb abtropfen lassen, dann mit einer Gabel fein zerpflücken. Die Kapern für die Creme abbrausen, trocken tupfen und hacken. Die Zitrone heiß waschen und trocken reiben. 2 TL Schale abreiben und 2 TL Zitronensaft auspressen.

4 In einer Schüssel die Mayonnaise und den Frischkäse mit dem Zitronensaft glatt rühren. Thunfisch, gehackte Kapern und die Zitronenschale untermischen, die Thunfisch-Creme mit Salz und Pfeffer würzen.

5 Die Spitzkohlstreifen mit Sellerie, gehackter Petersilie und Frühlingszwiebelstreifen vermengen, dann mit der Thunfisch-Creme mischen. Die Kapern für den Salat abbrausen, trocken tupfen und mit den Petersilienblättchen über den Coleslaw streuen.

Die Thunfisch-Creme passt auch zu:
Pellkartoffeln, Roten Beten, Heringsfilet, Gurken, Avocados und zu Sandwiches. (Creme pro Portion: ca. 285 kcal, 21 g F, 21 g EW, 3 g KH)

Coleslaw
in der Ofenkartoffel

Für 2 Personen
40 Min. Zubereitung +
50 Min. (Kartoffeln)
Pro Portion: ca. 480 kcal, 30 g F,
9 g EW, 44 g KH

2 große mehligkochende
   Kartoffeln (à ca. 180 g)
Salz
frisch gemahlener
   schwarzer Pfeffer
2 TL Olivenöl
350 g Weißkohl
Salz
1 TL Zucker
1 Möhre

Coleslaw-Dressing:
75 g Mayonnaise (80 %)
75 g Joghurt (3,8 %)
2 TL Apfelessig
1 TL Zucker
Salz
frisch gemahlener
   schwarzer Pfeffer
einige Stängel Schnittlauch

1 Den Backofen auf 220° vorheizen. Die Kartoffeln gründlich waschen, ringsum mehrmals anstechen, salzen und pfeffern. Zwei Stück Alufolie mit dem Olivenöl bepinseln, die Kartoffeln fest darin einwickeln und im heißen Ofen (Mitte) in ca. 50 Min. weich garen.

2 Inzwischen vom Weißkohl die äußeren Blätter entfernen, den Kohl ohne Strunk in feinste Streifen hobeln oder schneiden. Die Streifen in einer Schüssel mit ½ TL Salz und dem Zucker verkneten, bis der Kohl weich und glänzend wird. Die Möhre schälen, in feine Juliennestreifen hobeln oder schneiden und mit den Kohlstreifen mischen.

3 Für das Coleslaw-Dressing:
Mayonnaise mit Joghurt, Essig und Zucker glatt rühren und mit Salz und Pfeffer würzen. Den Schnittlauch abbrausen, trocken schütteln, in sehr feine Röllchen schneiden und untermischen. Dressing und Kohl mischen und bis zur Verwendung durchziehen lassen, dabei öfter wenden.

4 Die Kartoffeln aus den Folien nehmen, jeweils längs einschneiden und etwas auseinanderdrücken. Einen Teil des Coleslaws in die Kartoffel füllen, den Rest separat dazu servieren.

Das Coleslaw-Dressing passt auch zu:
Geraspeltem Knollensellerie, Möhren-Julienne, zu Salaten mit gekochten Eiern, Schinken, Hühnchen, Mais und auch zu Nudeln. (Dressing pro Portion: ca. 300 kcal, 29 g F, 2 g EW, 7 g KH)

Garnelen-Grapefruit-Salat mit Grapefruit-Vinaigrette

Für 2 Personen
50 Min. Zubereitung
Pro Portion: ca. 445 kcal, 24 g F,
25 g EW, 32 g KH

75 g rote Quinoa
Salz
1 Pink Grapefruit
50 g gemischte Babyleaves
 (zarte Blattsalate)
2 Stängel Dill
200 g küchenfertige, geschälte
 und rohe Riesengarnelen
1 EL Olivenöl
frisch gemahlener
 schwarzer Pfeffer

Grapefruit-Vinaigrette:
1 kleine Pink Grapefruit (ersatz
 weise 100 ml Grapefruitsaft)
Salz
frisch gemahlener
 schwarzer Pfeffer oder Vanille-Pfeffer (s. S. 50)
1 TL Ahornsirup
2 EL Olivenöl

1 Die Quinoa in ein Sieb abgießen und heiß abbrausen. Zum Schluss mit kochend heißem Wasser übergießen, um alle Bitterstoffe zu entfernen. Abtropfen lassen und in Salzwasser nach Packungsangabe in ca. 25 Min. gar kochen. Abgießen und ausdampfen lassen.

2 Inzwischen die Grapefruit großzügig schälen, sodass nichts Weißes mehr anhaftet. Die Filets herauslösen und beiseitestellen.

3 Für die Grapefruit-Vinaigrette:
Die Grapefruit auspressen. Es werden ca. 100 ml Saft gebraucht. Saft auf ca. 2 EL einkochen lassen. Dann vom Herd nehmen und mit Salz und Pfeffer würzen. Den Ahornsirup einrühren, dann das Öl unterschlagen.

4 Die Salatblätter putzen, waschen und trocken schleudern. Längere und grobe Stiele abknipsen. Die Salatblätter auf zwei Teller verteilen. Den Dill abbrausen und trocken schütteln, die Spitzen abzupfen und bis auf einen kleinen Rest fein hacken.

5 Die Garnelen kalt abbrausen und trocken tupfen. Das Olivenöl in einer Pfanne erhitzen. Die Garnelen darin von jeder Seite 1–2 Min. braten, bis sie sich rosa färben, innen aber noch etwas glasig sind. Die Garnelen mit Salz und Pfeffer würzen und mit den Grapefruitfilets auf den Salatblättern anrichten. Die Quinoa in kleinen Häufchen dazwischensetzen.

6 Die Grapefruit-Vinaigrette über Salatblätter, Garnelen, Quinoa und Grapefruitfilets träufeln, alles mit dem gehackten Dill bestreuen und mit den Dillspitzen garnieren. Den Salat sofort servieren.

Die Grapefruit-Vinaigrette passt auch zu:
Kürbis, Topinambur, Möhren, Spargel und Mozzarella. (Vinaigrette pro Portion: ca. 160 kcal, 15 g F, 0 g EW, 6 g KH)

Mango-Gurken-Salat mit Tofu und Tamari-Ingwer-Dressing

Für 2 Personen
30 Min. Zubereitung +
2 Std. 20 Min. Marinieren
Pro Portion: ca. 340 kcal, 21 g F,
14 g EW, 23 g KH

200 g Tofu natur
1 Salatgurke
1 kleine reife Mango
½ rote Chilischote
½ Bund Koriandergrün
1 EL natives Kokosöl

Tamari-Ingwer-Dressing:
2 EL Tamari (Sojasauce)
3 EL Limettensaft
2 TL Ahornsirup
2 TL Fischsauce
1 kleines Stück frischer Ingwer
   (ca. 10 g)
1 EL Olivenöl

1 Für das Tamari-Ingwer-Dressing:
Tamari, 1 EL Limettensaft, Ahornsirup und Fischsauce verrühren. Den Ingwer schälen, würfeln und durch die Knoblauchpresse drücken, sodass nur der Saft austritt. Ca. 1 TL Ingwersaft zum Tamari-Dressing geben. (Öl und übriger Limettensaft werden erst später untergerührt.)

2 Den Tofu quer halbieren, dann in dicke Lagen Küchenpapier wickeln und diese mit einem Brett und einer Konservendose beschweren, sodass möglichst viel Flüssigkeit herausgepresst wird. Tofu knapp 30 Min. stehen lassen, dann würfeln und mit der Tamari-Mischung mischen. Zugedeckt ca. 2 Std. im Kühlschrank marinieren, dabei öfter wenden.

3 Die Gurke schälen, längs halbieren und mit einem kleinen Löffel entkernen. Die Gurkenhälften nochmals längs vierteln, dann quer in Stücke schneiden. Die Mango schälen, das Fruchtfleisch in dicken Scheiben vom Stein schneiden, danach in Würfel schneiden.

4 Die Chilischote längs halbieren, entkernen, waschen und klein würfeln. Das Koriandergrün abbrausen und trocken schütteln. Einige Blättchen abzupfen, den Rest mit den zarten Stängeln hacken.

5 Gurke, Mango, Chili und gehacktes Koriandergrün mischen. Den Tofu abgießen, dabei die Marinade auffangen. Restlichen Limettensaft und das Olivenöl unter die Marinade schlagen. Den Tofu trocken tupfen.

6 Das Tamari-Ingwer-Dressing über den Salat geben. Das Kokosöl stark erhitzen, die Tofuwürfel darin unter häufigem Wenden 5–7 Min. braten. Den heißen Tofu über den Salat geben, mit den restlichen Korianderblättchen bestreuen und sofort servieren.

Das Tamari-Ingwer-Dressing passt auch zu:
Salaten mit Reisnudeln und zu asiatischem Blattspinat. Wenn das Dressing nicht zuvor als Tofu-Marinade verwendet wird, das Olivenöl und den restlichen Limettensaft sofort unterschlagen. (Dressing pro Portion: ca. 105 kcal, 7 g F, 2 g EW, 7 g KH)

PARTYTIME

Pasta-Spinat-Salat
mit frischem Basilikum-Pesto

Für 6 Personen
40 Min. Zubereitung +
30 Min. Marinieren
Pro Portion: ca. 620 kcal, 26 g F,
24 g EW, 70 g KH

Salz
500 g Nudeln (z. B. Farfalle
    oder Penne rigate)
1 kg TK-Blattspinat
2 TL Zitronensaft

Basilikum-Pesto:
100 g Pinienkerne
gut 80 g Basilikumblättchen
5 Knoblauchzehen
100 g Parmesan
4 EL Olivenöl
6–8 EL Gemüsebrühe
4 TL abgeriebene Bio-Zitronen-
    schale
Salz
frisch gemahlener
    schwarzer Pfeffer

1 Für die Nudeln in einem großen Topf reichlich Salzwasser aufkochen.

2 *Für das Basilikum-Pesto:*
Die Pinienkerne in einer Pfanne ohne Fett goldgelb rösten, auf einem Teller abkühlen lassen, einige zum Garnieren des Salats beiseitelegen. Die Basilikumblätter waschen, trocken tupfen und bis auf einen kleinen Rest grob hacken. Den Knoblauch schälen und hacken. Den Parmesan reiben.

3 Pinienkerne, gehacktes Basilikum, Knoblauch und Parmesan mit der abgeriebenen Zitronenschale im Blitzhacker nicht zu fein zerkleinern. Die zunächst krümelige Mischung in eine Schüssel geben, das Olivenöl und so viel Brühe dazugeben, dass ein nicht zu flüssiges Pesto entsteht. Das Pesto mit Salz und Pfeffer abschmecken.

4 Die Nudeln im kochenden Salzwasser nach Packungsangabe al dente garen. Dann in ein Sieb abgießen, eiskalt abschrecken und abtropfen lassen. Inzwischen den Spinat in wenig Salzwasser ebenfalls nach Packungsangabe garen. In ein Sieb geben und mit der runden Seite eines Löffels die Flüssigkeit herausdrücken. Den Spinat mit einer Gabel auflockern, mit dem Zitronensaft würzen und lauwarm abkühlen lassen.

5 Den leicht abgekühlten Spinat mit den Nudeln und dem Basilikum-Pesto mischen und mind. 30 Min. durchziehen lassen. Vor dem Servieren den Pasta-Spinat-Salat mit den beiseitegelegten Basilikumblättchen und den restlichen Pinienkernen bestreuen.

Das Basilikum-Pesto passt auch zu:
Pellkartoffeln, Eiern, Gurken, Zucchini und grünem Spargel. (Dressing pro Portion: ca. 280 kcal, 25 g F, 9 g EW, 6 g KH)

Couscous-Salat mit Lamm und Chermoula

Für 6 Personen
1 Std. 25 Min. Zubereitung +
30 Min. Marinieren
Pro Portion: ca. 530 kcal, 24 g F,
23 g EW, 57 g KH

400 ml Gemüsebrühe
300 g Instant-Couscous
2 Bund glatte Petersilie
1 Bund Minze
2 Bund Koriandergrün
150 g getrocknete Aprikosen
50 g Sultaninen
Salz
½ Bund Thymian
400 g Lammlachse
frisch gemahlener
   schwarzer Pfeffer
2 EL Olivenöl
Fleur de Sel

Chermoula:
2 Bio-Zitronen
1 TL Safranfäden (ca. 0,5 g)
Salz
5 Schalotten
4 Knoblauchzehen
2 TL Delikatess-Paprikapulver
1 TL Kurkumapulver
2 TL gemahlener Kreuzkümmel
¼ TL Cayenne
frisch gemahlener
   schwarzer Pfeffer
6 EL Olivenöl

1 Für die Chermoula:
Die Zitronen heiß waschen und trocken reiben, die Schale abreiben, 4 EL Saft auspressen. Die Safranfäden mit 1 TL Salz im Mörser fein zerreiben, mit dem Zitronensaft mischen und 10 Min. ziehen lassen. Inzwischen Schalotten und Knoblauch schälen und sehr fein hacken.

2 Die Safranflüssigkeit mit Paprika, Kurkuma, Kreuzkümmel, Cayenne und Pfeffer mischen, Zitronenschale, Schalotten und Knoblauch untermischen. Zum Schluss das Öl unter die Chermoula schlagen.

3 Die Gemüsebrühe aufkochen. Den Couscous mit der kochend heißen Brühe begießen und in ca. 5 Min. (oder nach Packungsangabe) ausquellen lassen. Couscous mit einer Gabel auflockern und etwas abkühlen lassen, dann mit der Chermoula mischen.

4 Die Minze und das Koriandergrün abbrausen und trocken schütteln. Die Blättchen abzupfen und fein hacken. Die Aprikosen fein würfeln, die Sultaninen grob hacken. Minze, Koriandergrün, Aprikosen und Sultaninen mit dem Couscous mischen. Den Couscous-Salat mit Salz abschmecken und bis zum Servieren durchziehen lassen.

5 Den Thymian abbrausen und trocken schütteln, die Blättchen abstreifen und hacken. Das Lammfleisch mit Pfeffer einreiben, mit Thymian bestreuen und mit 1 EL Öl beträufeln. Fleisch ca. 30 Min. marinieren.

6 Dann die Lammlachse im übrigen Öl von jeder Seite in 2–3 Min. innen rosa braten. Das Fleisch in Alufolie wickeln und noch ca. 5 Min. ruhen lassen. Dann in dünne Scheiben aufschneiden, den Fleischsaft, der sich gebildet hat, zum Couscous geben. Die Lammscheiben mit Fleur de Sel bestreuen und auf dem Couscous-Salat anrichten.

Die Chermoula passt auch zu:
Spargel, Zucchini, Auberginen, Tomaten, gekochten Eiern, zu Fisch und Hühnchen. (Chermoula pro Portion: ca. 150 kcal, 15 g F, 0 g EW, 3 g KH)

Antipasti-Salat
mit gebratenen Garnelen

Für 6 Personen
1 Std. 20 Min. Zubereitung
Pro Portion: ca. 415 kcal, 32 g F,
20 g EW, 11 g KH

1 kg rote und gelbe Paprika-
    schoten
Salz
frisch gemahlener
    schwarzer Pfeffer
750 g Auberginen
500 g Zucchini
12 EL Olivenöl
3 EL Aceto balsamico
½ Bund Thymian
4–5 Knoblauchzehen
500 g küchenfertige, geschälte
    und rohe Riesengarnelen
Chiliflakes

1 Den Backofen auf 225° vorheizen. Die Paprikaschoten waschen, vierteln, entkernen und mit der Schnittfläche nach unten auf ein Backblech mit Backpapier legen. Den Backofengrill dazuschalten. Die Paprika im heißen Ofen (oben) 15–20 Min. grillen, bis die Haut dunkel ist und Blasen bildet. Paprika aus dem Ofen nehmen, mit einem feuchten Tuch bedecken und ca. 10 Min. abkühlen lassen, dann häuten. Paprika in mundgerechte Stücke schneiden, salzen und pfeffern.

2 Inzwischen die Auberginen waschen, putzen und längs in 1 cm dicke Scheiben schneiden. Salzen und 10 Min. stehen lassen. In dieser Zeit die Zucchini waschen, putzen und ebenfalls längs in 1 cm dicke Scheiben schneiden. Eine Grillpfanne stark erhitzen und mit Öl bepinseln, die Zucchini ebenfalls mit Öl einpinseln und portionsweise pro Seite 3–4 Min. braten, bis sie gar sind und die typischen Grillstreifen haben. Anschließend die Auberginen mit Küchenpapier gründlich auspressen und ebenso braten, dabei für das gegrillte Gemüse insgesamt 9 EL Öl verwenden.

3 Die gegrillten Zucchini und Auberginen in mundgerechte Stücke schneiden, salzen, pfeffern und mit den Paprika mischen. Salat mit dem Essig beträufeln. Den Thymian abbrausen und trocken schütteln. Die Blättchen abstreifen, bis auf einen kleinen Rest hacken und unter das Gemüse mischen. Den Knoblauch schälen und hacken.

4 Die Garnelen kalt abbrausen und trocken tupfen, im restlichen Öl von jeder Seite 2–3 Min. braten, bis sie rosa, leicht gebräunt und innen noch glasig sind. Den Knoblauch die letzte Minute mit durchschwenken. Garnelen und Knoblauch mit Chiliflakes und restlichen Thymianblättchen bestreuen und auf dem Salat anrichten.

Anstelle der Garnelen 500 g Austernpilze abreiben und klein schneiden. Pilze unter Rühren ohne Fett braten, bis sie sich bräunlich färben, dann salzen und weiterbraten, bis die Flüssigkeit verkocht ist. 3 EL Olivenöl dazugeben, 4–5 gehackte Knoblauchzehen 1–2 Min. mit durchschwenken. Pilze mit 2 EL Sherryessig ablöschen, pfeffern und mit 100 g gehobeltem Bergkäse über den Salat geben.

Ananassalat mit Gorgonzola und Limetten-Honig-Dressing

Für 6 Personen
1 Std. 10 Min. Zubereitung
Pro Portion: ca. 465 kcal, 32 g F,
10 g EW, 33 g KH

1 große Ananas »extra sweet«
3 EL Olivenöl
150 g zarter Blattspinat oder
    Feldsalat
60 g Alfalfa-Sprossen
50 g grüne Pistazienkerne
    (ersatzweise Walnusskerne)
200 g milder Gorgonzola

Limetten-Honig-
Dressing:
2 Bio-Limetten
90 g flüssiger Honig
    (z. B. Akazienhonig)
Salz
6 Zweige Thymian
1 EL eingelegter grüner Pfeffer
4 EL Pistazienöl
    (ersatzweise Walnussöl)

1 Für das Limetten-Honig-Dressing:
Zunächst eine Marinade zubereiten: Dazu die Limetten heiß waschen und trocken reiben. 1 EL Schale abreiben und 3 EL Saft auspressen. Den Honig mit Salz, Limettensaft und -schale verrühren. Den Thymian abbrausen und trocken schütteln. Die Blättchen abstreifen. Den Pfeffer abbrausen, trocken tupfen und hacken. Mit dem Thymian untermischen.

2 Die Ananas schälen und alle schwarzen »Augen« entfernen. Das Fruchtfleisch in ca. 1 cm dicken Scheiben senkrecht vom Strunk schneiden.

3 Eine große Grillpfanne mit etwas Olivenöl bepinseln. Die Ananasscheiben darin portionsweise bei starker Hitze 2–2 ½ Min. braten. Dann die Ananas mit Öl bepinseln, wenden und weitere 2–2 ½ Min. braten. Ananas herausnehmen, etwas abkühlen lassen, in Würfel schneiden und mit der Limetten-Honig-Mischung übergießen.

4 Inzwischen den Blattspinat oder Feldsalat putzen, waschen, trocken schleudern und auf einer Platte verteilen. Alfalfa-Sprossen abbrausen und trocken tupfen. Die Pistazien hacken. Den Gorgonzola in Bröckchen teilen und mit den Sprossen auf dem Salat verteilen.

5 Dann für das Limetten-Honig-Dressing:
Die Ananas abgießen, die Marinade auffangen und in einem kleinen Topf sirupartig einkochen lassen. Den Sirup vom Herd nehmen und das Pistazienöl unterschlagen, sodass ein dickliches Dressing entsteht.

6 Die Ananasstücke auf dem Salatbett und den übrigen Zutaten verteilen. Das Limetten-Honig-Dressing darüberträufeln und die Pistazien darüberstreuen. Den Ananassalat sofort servieren.

Das Limetten-Honig-Dressing passt auch zu:
Gegrillten Nektarinen und Pfirsichen sowie zu Ziegenfrischkäse und Mozzarella. Werden keine Früchte mariniert, 100 ml Ananassaft zur Limetten-Honig-Mischung geben und alles sirupartig einkochen lassen. (Dressing pro Portion mit Ananassaft: ca. 143 kcal, 9 g F, 0 g EW, 14 g KH)

Für 6 Personen
30 Min. Zubereitung
Pro Portion: ca. 550 kcal, 46 g F,
22 g EW, 11 g KH

400 g mittelalter Gouda
150 g Staudensellerie
200 g kleine kernlose blaue
    Trauben
100 g Walnusskerne
2 EL Dijonsenf
3 EL Apfelbalsamessig
    (ersatzweise Aceto balsamico)
Salz
frisch gemahlener
    schwarzer Pfeffer
5 EL Walnussöl

Käsesalat mit Gouda, Trauben und Walnüssen

1 Den Goudakäse entrinden und in ca. 1½ cm große Würfel schneiden. Den Staudensellerie putzen und entfädeln. Sellerie waschen und quer in sehr dünne Scheibchen schneiden.

2 Die Trauben von den Stielen zupfen, waschen und quer halbieren oder dritteln. Die Walnusskerne grob hacken.

3 Dijonsenf mit Essig, Salz und Pfeffer verrühren, dann das Walnussöl unterschlagen. Käse, Sellerie, Trauben und die Hälfte der Nüsse mit dem Dressing mischen. Die restlichen Nüsse darüberstreuen.

Für 6 Personen
55 Min. Zubereitung
Pro Portion: ca. 420 kcal, 23 g F,
16 g EW, 36 g KH

150 g rote Zwiebeln
3 EL Olivenöl
250 g Bulgur
2–3 TL Baharat (orientalische
    Gewürzmischung; s. S. 68)
750 ml Gemüsebrühe
500 g Tomaten
200 g dünne Landjäger
    (Knoblauchwurst)
1 Bund glatte Petersilie
250 g Ajvar (Glas)
Salz
frisch gemahlener
    schwarzer Pfeffer
Chiliflakes

Bulgursalat mit Ajvar und Knoblauchwurst

1 Die Zwiebeln schälen, längs halbieren und in dünne Streifen schneiden. Im Öl in 5–7 Min. weich dünsten. Den Bulgur in einem Sieb abbrausen, abtropfen lassen und dazugeben. Mit 2 TL Baharat bestäuben und unter Rühren anbraten. Die Brühe dazugießen und bei starker Hitze aufkochen. Den Bulgur bei schwächerer Hitze in ca. 7 Min. (oder nach Packungsangabe) offen köcheln, dann ausdampfen lassen.

2 Die Tomaten waschen, halbieren, entkernen und klein würfeln. Die Würste in Scheibchen schneiden. Die Petersilie abbrausen und trocken schütteln. Die Blättchen abzupfen und grob hacken.

3 Den Bulgur mit dem Ajvar mischen, mit Salz, Pfeffer, Chiliflakes und evtl. mehr Baharat würzen. Wurstscheiben, Tomaten und zwei Drittel der Petersilie unterheben. Den Salat etwas durchziehen lassen. Vor dem Servieren mit restlicher Petersilie bestreuen.

Bulgursalat mit Feta, Pistazien und Harissa-Dressing

Für 6 Personen
55 Min. Zubereitung +
1 Std. Marinieren
Pro Portion: ca. 730 kcal, 53 g F,
21 g EW, 43 g KH

300 g Bulgur
3 TL Ras el Hanout
850 ml Gemüsebrühe
250 g geröstete, gesalzene
   Pistazien in der Schale
1 Bund Minze
1–2 Bund glatte Petersilie
2 Bund schmale Frühlings-
   zwiebeln
400 g Fetakäse

Harissa-Dressing:

2 Bio-Zitronen
Salz
frisch gemahlener
   schwarzer Pfeffer
1 EL flüssiger Honig
   (z. B. Akazienhonig)
2 TL Harissapaste (Tube)
¼ TL Zimtpulver
½ TL frisch gemahlener
   Kardamom
150 ml Olivenöl

1 Den Bulgur mit Ras el Hanout mischen und in der Gemüsebrühe nach Packungsangabe bei schwacher Hitze offen köcheln lassen. Bulgur mit einer Gabel auflockern, ausdampfen und abkühlen lassen.

2 Inzwischen die Pistazien aus den Schalen lösen und grob hacken. Minze und Petersilie abbrausen und trocken schütteln. Die Blättchen abzupfen und bis auf ein paar Minzeblättchen grob hacken.

3 Die Frühlingszwiebeln putzen, waschen und in Ringe schneiden. Den Feta trocken tupfen und klein würfeln. Pistazien, Kräuter, Frühlingszwiebelringe und Fetawürfel behutsam mit dem abgekühlten Bulgur mischen.

4 Für das Harissa-Dressing:
1 Zitrone heiß waschen und trocken reiben, die Schale abreiben. Aus beiden Zitronen insgesamt 5 EL Saft auspressen. Den Zitronensaft mit Salz, Pfeffer, Honig, Harissa, Zimtpulver und Kardamom verrühren. Dann nach und nach das Olivenöl unterschlagen. Zum Schluss die abgeriebene Zitronenschale dazugeben und untermischen.

5 Das Harissa-Dressing über die Bulgur-Feta-Mischung gießen und gut damit vermischen. Den Bulgursalat mind. 1 Std. durchziehen lassen und vor dem Servieren mit den restlichen Minzeblättchen bestreuen.

Das Harissa-Dressing passt auch zu:
Roten Beten, Kürbis und Möhren, in Verbindung mit Datteln, Sultaninen oder Nüssen. (Dressing pro Portion: ca. 240 kcal, 25 g F, 0 g EW, 3 g KH)

Indischer Linsensalat
mit Limetten-Ingwer-Joghurt

Für 6 Personen
1 Std. Zubereitung +
30 Min. Marinieren
Pro Portion: ca. 514 kcal, 27 g F,
19 g EW, 48 g KH

300 g Berg- oder Belugalinsen
3 Lorbeerblätter
Salz
750 g rote Zwiebeln
9 EL Olivenöl
1 Stück frischer Ingwer (ca. 60 g)
2 TL Kreuzkümmelsamen
1 ½ TL Ajowan 🌶
1 ½ TL Schwarzkümmelsamen
2 EL Agavensirup
750 g Möhren
300 g Staudensellerie
3 rote Chilischoten
6 EL Limettensaft
frisch gemahlener
   schwarzer Pfeffer
2 Bund Koriandergrün

Limetten-Ingwer-Joghurt:
450 g Joghurt (3,8 %)
Salz
2 TL Limettensaft
1 Stück frischer Ingwer (ca. 30 g)

1 Die Linsen in einem Sieb abbrausen und abtropfen lassen. Mit reichlich Wasser und den Lorbeerblättern in einen Topf geben und aufkochen. Linsen zugedeckt in 20–25 Min. weich kochen. Abgießen und abtropfen lassen, Lorbeer entfernen. Die Linsen salzen und abkühlen lassen.

2 Inzwischen die Zwiebeln schälen, längs halbieren und quer in dünne Streifen schneiden. Die Zwiebeln in einer großen Pfanne im Öl in ca. 10 Min. bei schwacher Hitze glasig dünsten. Den Ingwer schälen und sehr fein hacken. Mit Kreuzkümmel, Ajowan und Schwarzkümmel zu den weichen Zwiebeln geben und noch 2–3 Min. mitgaren. Die Zwiebeln mit Agavensirup und etwas Salz mischen und vom Herd nehmen.

3 Die Möhren schälen und in feine Juliennestreifen hobeln oder schneiden. Den Sellerie putzen, entfädeln, waschen und quer in sehr dünne Scheiben schneiden. Die Chilischoten längs halbieren, entkernen, waschen und quer in dünne Streifen schneiden. Zwiebeln, Möhren, Sellerie und Chili mit den Linsen mischen, mit Limettensaft, Salz und Pfeffer abschmecken und mind. 30 Min. durchziehen lassen.

4 Für den Limetten-Ingwer-Joghurt:
Den Joghurt mit Salz und Limettensaft glatt rühren und abschmecken. Den Ingwer schälen, fein reiben und untermischen.

5 Das Koriandergrün abbrausen, trocken schütteln und mit den zarten Stängeln hacken. Koriandergrün vor dem Servieren über den Salat streuen. Den Joghurt separat dazu servieren.

Der Limetten-Ingwer-Joghurt passt auch zu:
Tomaten, Gurken, Blattsalaten. Zu geröstetem Ofengemüse wie Kürbis oder Pastinaken. (Joghurt pro Portion: ca. 55 kcal, 2 g F, 3 g EW, 5 g KH)

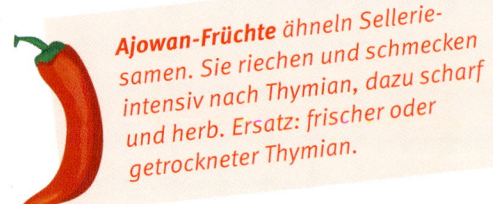

Ajowan-Früchte ähneln Sellerie-samen. Sie riechen und schmecken intensiv nach Thymian, dazu scharf und herb. Ersatz: frischer oder getrockneter Thymian.

Tafelspitzsalat mit Apfel und Kürbiskernöl-Vinaigrette

Für 6 Personen
50 Min. Zubereitung +
2 ½ Std. Garen + Abkühlen +
30 Min. Marinieren
Pro Portion: ca. 495 kcal, 37 g F,
32 g EW, 9 g KH

2 Lorbeerblätter
12 schwarze Pfefferkörner
3 Wacholderbeeren
900 g Tafelspitz-Rindfleisch
1 Bund Suppengrün
Salz
150 g rote Zwiebeln
1 großer grüner Apfel
2 EL Zitronensaft
50 g Kürbiskerne
1 Bund Schnittlauch

Kürbiskernöl-Vinaigrette:
6 EL Aceto balsamico
Salz
frisch gemahlener
   schwarzer Pfeffer
6 EL Kürbiskernöl

1 3 l Wasser mit Lorbeerblättern, Pfefferkörnern und Wacholderbeeren in einen großen Topf geben und aufkochen. Das Fleisch in das kochende Wasser einlegen, dann 1½ Std. bei schwacher Hitze in der siedenden Brühe köcheln lassen, dabei entstehenden Schaum abschöpfen.

2 Das Suppengrün putzen, waschen bzw. schälen, klein schneiden und dazugeben. Alles noch ca. 1 Std. köcheln lassen, bis das Fleisch gar ist. Herausnehmen und abkühlen lassen, die Brühe anderweitig verwenden.

3 Für die Kürbiskernöl-Vinaigrette:
Den Balsamico-Essig mit Salz und Pfeffer verrühren, dann nach und nach das Kürbiskernöl unterschlagen.

4 Das abgekühlte Rindfleisch in hauchdünne Scheiben schneiden und diese mit der Kürbiskernöl-Vinaigrette beträufeln. Die Fleischscheiben mind. ½ Std. marinieren, dabei mehrmals wenden.

5 Inzwischen die Zwiebeln schälen, längs halbieren und in sehr dünne Streifen schneiden. Den Apfel waschen, vierteln, entkernen und quer feinblättrig schneiden. Apfelblätter sofort mit dem Zitronensaft beträufeln und mit den Zwiebelstreifen und dem Fleisch mischen.

6 Die Kürbiskerne in einer Pfanne ohne Fett rösten, bis sie sich etwas aufblähen. Abkühlen und grob hacken. Den Schnittlauch abbrausen, trocken schütteln und in Röllchen schneiden. Den Salat nochmals abschmecken, evtl. etwas mehr Essig dazugeben. Den Tafelspitzsalat mit Kürbiskernen und Schnittlauch bestreuen.

Die Kürbiskernöl-Vinaigrette passt auch zu:
Pellkartoffeln, Gurken, grünem Spargel, Möhren, Kürbis, Zucchini – besonders gut in Verbindung mit Kürbiskernen. (Vinaigrette pro Portion: ca. 140 kcal, 14 g F, 0 g EW, 3 g KH)

Mediterraner Eiersalat mit Zucchini und Sardellencreme-Dressing

Für 6 Personen
40 Min. Zubereitung
Pro Portion: ca. 485 kcal, 36 g F,
28 g EW, 11 g KH

12 Eier
2 Mini-Romanasalate
500 g Zucchini
75 g entsteinte grüne Oliven
   (z. B. Manzanilla)
75 g entsteinte schwarze Oliven
   (z. B. Kalamata)

Sardellen-
creme-Dressing:
100 g Sardellenfilets in Öl
250 g Doppelrahm-Frischkäse
400 g Joghurt (3,8 %)
frisch gemahlener
   schwarzer Pfeffer
1 EL abgeriebene Bio-Zitronen-
   schale

1 Die Eier in ca. 10 Min. hart kochen. Dann die Eier abschrecken, pellen und quer in dickere Scheiben schneiden.

2 Inzwischen die Salate putzen, in Blätter teilen, waschen und trocken schleudern oder tupfen. Die Salate quer in Streifen schneiden.

3 Die Zucchini waschen, putzen und in schmale Stifte schneiden oder hobeln. Die Oliven quer in feine Ringe schneiden.

4 *Für das Sardellencreme-Dressing:*
Die Sardellenfilets abtropfen lassen und mit Küchenpapier abtupfen. 6 kleine Filets zum Garnieren des Salats beiseitelegen. Die restlichen mit der Gabel zerdrücken, mit dem Frischkäse und dem Joghurt in einen Rührbecher geben und mit dem Pürierstab fein pürieren. Das Sardellencreme-Dressing mit Pfeffer und Zitronenschale würzen. Da die Sardellen sehr salzig sind, wird kein weiteres Salz verwendet.

5 In eine flache Schale erst die Romanasalat-Streifen geben, darüber die Zucchinistifte einschichten und darauf dann die Eierscheiben bis auf einen kleinen Rest verteilen. Das Dressing über den Salat löffeln und alles mit den beiseitegelegten Sardellenfilets garnieren. Die restlichen Eischeiben und Olivenringe darauf verteilen.

Das Sardellencreme-Dressing passt auch zu:
Pellkartoffeln, grünen Bohnen, weißen Bohnenkernen, Roten Beten, Gurken und auf Sandwiches. Gut zum Dippen mit Staudensellerie. (Dressing pro Portion: ca. 220 kcal, 17 g F, 10 g EW, 7 g KH)

Eiersalat mit Cornichons und Kräuter-Mayonnaise

Für 6 Personen
50 Min. Zubereitung
Pro Portion: ca. 410 kcal, 35 g F,
18 g EW, 5 g KH

12 Eier
100 g Silberzwiebeln (Glas)
125 g Cornichons

Kräuter-Mayonnaise
2 hart gekochte Eigelbe
  (von oben)
2–3 EL Dijonsenf
2–3 TL Sherryessig
2 EL Olivenöl
4 EL Rapsöl
125 g Doppelrahm-Frischkäse
100 g saure Sahne
Kräutersalz
frisch gemahlener grüner Pfeffer
1 Bund Schnittlauch
1 Bund Dill
1 großes Bund glatte Petersilie

1 Die Eier in ca. 10 Min. hart kochen. Inzwischen die Silberzwiebeln abtropfen lassen und halbieren. Die Cornichons abtropfen lassen und quer in dünne Scheibchen schneiden.

2 Die hart gekochten Eier abschrecken, pellen und halbieren. Die Eigelbe aus 2 Eiern herausnehmen und für die Kräuter-Mayonnaise beiseitestellen, die restlichen Eiweiße hacken und die übrigen Eier vierteln. Die Eier mit den Zwiebeln und den Cornichons mischen.

3 Für die Kräuter-Mayonnaise:
Die beiden hart gekochten Eigelbe durch ein Sieb streichen. Mit Senf und Essig glatt rühren, dann nach und nach das Oliven- und das Rapsöl unterschlagen. Zum Schluss den Frischkäse und die saure Sahne dazugeben und glatt unterrühren. Alles mit Kräutersalz und Pfeffer würzen.

4 Schnittlauch, Dill und Petersilie abbrausen und trocken schütteln. Den Schnittlauch in feine Röllchen schneiden, 1 EL davon beiseitestellen. Die Dillspitzen und Petersilienblättchen abzupfen und fein hacken. Die Kräuter unter die Mayonnaise heben.

5 Die Kräuter-Mayonnaise über die Eiermischung geben und vorsichtig damit vermengen. Mit dem beiseitegestellten Schnittlauch bestreuen.

Die Kräuter-Mayonnaise passt auch zu:
Pellkartoffeln, grünen Bohnen, Zucchini und Gurken, besonders gut auch zu Salaten mit Fischfilet, Räucherfisch oder Krabben. (Mayonnaise pro Portion: ca. 245 kcal, 25 g F, 3 g EW, 2 g KH)

Cajun-Salat mit Hühnchen, Mais und Süßkartoffeln

Für 6 Personen
50 Min. Zubereitung +
30 Min. Marinieren
Pro Portion: ca. 495 kcal, 18 g F,
34 g EW, 49 g KH

4–5 Bio-Limetten
750 g Hähnchenbrustfilets
Salz
6 EL Olivenöl
1 kg Süßkartoffeln
frisch gemahlener
   schwarzer Pfeffer
2 EL Cajun-Gewürz
2 Dosen Mais
   (Abtropfgewicht zus. 570 g)
2 Bund Koriandergrün
1 Bund Frühlingszwiebeln

1 Eine große ofenfeste Form in den Backofen stellen, den Ofen auf 120° vorheizen. 2 Limetten heiß waschen und trocken reiben, die Schale abreiben. Aus allen Limetten 100 ml Saft auspressen.

2 Die Hähnchenbrustfilets abbrausen und trocken tupfen, Fett und Sehnen entfernen. Das Fleisch salzen.

3 2 EL Öl in einer Pfanne erhitzen. Die Hähnchenbrustfilets darin in ca. 5 Min. rundum goldgelb braten. Den Bratsatz in der Pfanne mit dem Limettensaft lösen und beiseitestellen. Das Fleisch in die vorgeheizte Form geben und im heißen Ofen (Mitte) in ca. 20 Min. fertig garen. Dann aus dem Ofen nehmen, pfeffern, locker in Folie wickeln und ruhen lassen.

4 Inzwischen die Süßkartoffeln schälen, waschen und in ca. 1½ cm große Würfel schneiden. Wenn das Fleisch gegart ist, den Ofen auf 180° hochschalten. Die Süßkartoffeln in der ofenfesten Form mit dem restlichen Olivenöl, Salz, Pfeffer und 1 EL Cajun-Gewürz mischen und im heißen Ofen (Mitte) ca. 15 Min. backen. Herausnehmen und abkühlen lassen.

5 Die Maiskörner in ein Sieb abgießen und abtropfen lassen. Das Fleisch aus der Folie wickeln, Fleischsaft zum Limettensaft geben. Das Fleisch in mundgerechte Stücke schneiden, mit Mais, Süßkartoffeln, Limettenschale und der Limettensaft-Flüssigkeit gut verrühren. Die Mischung mit Salz, Pfeffer und nach Belieben etwas mehr Cajun-Gewürz pikant abschmecken und mind. 30 Min. durchziehen lassen.

6 Das Koriandergrün abbrausen, trocken schütteln, mit den zarten Stängeln grob hacken und vor dem Servieren über den Salat streuen.

Für selbst gemachtes Cajun-Gewürz
1 EL Delikatess-Paprikapulver mit 2 TL gemahlenem Kreuzkümmel und je 1 TL Cayenne, Chiliflakes, Ingwerpulver und getrocknetem Thymian sowie frisch gemahlenem schwarzem Pfeffer mischen.

Bratkartoffelsalat mit Schinken und Tomaten-Dressing

Für 6 Personen
1 Std. 15 Min. Zubereitung +
20 Min. Einweichen +
1 Std. Marinieren
Pro Portion: ca. 580 kcal, 40 g F,
20 g EW, 35 g KH

1,5 kg festkochende Kartoffeln
6 EL Olivenöl
Salz
frisch gemahlener
  schwarzer Pfeffer
4 TL Pimenton de la vera
  (Räucherpaprika; ersatzweise
  edelsüßes oder Delikatess-Paprikapulver)
2 EL Sherryessig
2 Bund Frühlingszwiebeln
400 g Katenschinkenwürfel
1 Bund glatte Petersilie

Tomaten-Dressing:
150 g getrocknete Tomaten
  (ohne Öl)
3–4 Knoblauchzehen
40 g Salzkapern
frisch gemahlener
  schwarzer Pfeffer
½ TL Cayenne
6 EL Olivenöl

1 Für das Tomaten-Dressing:
Die getrockneten Tomaten mit 300 ml kochend heißem Wasser übergießen und ca. 20 Min. einweichen. Dann die Tomaten ausdrücken, dabei
die Flüssigkeit auffangen. Den Knoblauch schälen und grob hacken. Die
Salzkapern kurz abbrausen und trocken tupfen.

2 Die Tomaten mit zunächst 200 ml der aufgefangenen Flüssigkeit, Knoblauch und Kapern in einem Rührbecher mit dem Pürierstab fein pürieren.
Die Mischung mit Pfeffer und Cayenne würzen (Salz ist nicht notwendig),
dann das Öl untermischen. So viel von der restlichen Einweichflüssigkeit
dazugeben, bis das Dressing dicklich-flüssig ist.

3 Die Kartoffeln schälen, waschen und ca. 2 cm groß würfeln. In zwei
großen Pfannen je 3 EL Öl erhitzen. Die Kartoffeln darin ca. 10 Min. braten,
bis sie unten goldbraun sind, dann wenden und noch 5–8 Min. weiterbraten, bis sie gar und knusprig sind. Salzen, pfeffern und jede Portion
mit je 2 TL Paprikapulver bestäuben.

4 Die gebratenen Kartoffeln noch heiß mit dem Tomaten-Dressing
mischen und unter gelegentlichem Umrühren ca. 1 Std. durchziehen und
bei Zimmertemperatur abkühlen lassen. Dann mit dem Essig würzen,
nach Belieben auch etwas mehr Essig verwenden.

5 Die Frühlingszwiebeln putzen, waschen und in Ringe schneiden.
Frühlingszwiebeln mit den Schinkenwürfeln unter den Bratkartoffelsalat
mischen. Die Petersilie abbrausen und trocken schütteln. Die Blättchen
abzupfen und vor dem Servieren unterheben bzw. darüberstreuen.

Das Tomaten-Dressing passt auch zu:
Hart gekochten Eiern, Feta, Mozzarella, Nudeln, Bulgur, Couscous und
zu kräftigen Salaten wie Romana oder Rucola. (Dressing pro Portion:
ca. 170 kcal, 15 g F, 2 g EW, 7 g KH)

Pilzsalat
mit Putenbruststreifen

Für 6 Personen
1 Std. 30 Min. Zubereitung
Pro Portion: ca. 530 kcal, 33 g F,
52 g EW, 7 g KH

2,5 kg braune Champignons
3 Bund schmale Frühlings-
    zwiebeln
6 Knoblauchzehen
3 rote Chilischoten
12 EL Olivenöl
Salz
10 EL Sherryessig
frisch gemahlener
    schwarzer Pfeffer
900 g Putenschnitzel
2 Bund glatte Petersilie

1 Die Champignons abreiben, die Stiele herausdrehen oder knapp abschneiden. Die Pilze in 1 cm dicke Scheiben schneiden. Die Frühlingszwiebeln putzen und waschen, weiße Teile hacken, grüne in Ringe schneiden. Den Knoblauch schälen und fein hacken. Die Chilischoten längs halbieren, entkernen, abbrausen und fein hacken.

2 Die Champignonscheiben in vier Portionen teilen und diese jeweils nacheinander in einer großen heißen Pfanne ohne Fett ca. 4 Min. braten, bis die Pilze leicht gebräunt sind und die ausgetretene Flüssigkeit verdampft ist. Die Pilzportionen jeweils salzen und weiter unter Rühren braten, bis die Flüssigkeit wieder verdampft ist.

3 Dann zu jeder Portion je 2 EL Öl und je ein Viertel von Zwiebelweiß, Knoblauch und Chili geben. Alles weitere 2–3 Min. unter Rühren braten. Zum Schluss jede Pilzportion mit 2 ½ EL Essig ablöschen, in eine große Schüssel geben und kräftig mit Pfeffer würzen. Wenn alle Champignons auf diese Weise gebraten sind, die Pilze nochmals zusammen mit Salz und Pfeffer abschmecken und mind. 30 Min. durchziehen lassen.

4 Inzwischen das Putenfleisch abbrausen und trocken tupfen. Erst in dünne Scheiben, dann in kleinfingergroße Streifen schneiden.

5 Das Fleisch in vier Portionen teilen und diese nacheinander in je 1 EL Öl bei starker Hitze in jeweils 5–6 Min. unter häufigem Wenden goldbraun braten, dann salzen und pfeffern. Das Fleisch lauwarm abkühlen lassen, dann mit den Pilzen mischen. Die Petersilie abbrausen und trocken schütteln. Die Blättchen abzupfen, grob hacken und untermischen.

Statt Putenschnitzel 600 g Nuss- oder Räucher-tofu quer halbieren. Jeweils in dicke Lagen Küchenpapier wickeln, mit einem Brett abde-cken und dieses beschweren. Den Tofu knapp 30 Min. stehen lassen, dann würfeln und wie das Fleisch portionsweise im Öl goldbraun braten. Tofu salzen, pfeffern und abgekühlt mit den Pilzen mischen.

Roter Reissalat mit Mango und Frischkäse-Limetten-Dressing

Für 6 Personen
1 Std. 15 Min. Zubereitung +
30 Min. Marinieren
Pro Portion: ca. 480 kcal, 24 g F,
9 g EW, 57 g KH

300 g roter Camargue-Reis
Salz
½ Weißkohl (ca. 700 g)
450 g Möhren
2 reife Mangos
3 rote Chilischoten
175 g rote Zwiebel
1 ½ Bund glatte Petersilie

Frischkäse-Limetten-Dressing:
2–3 Bio-Limetten
300 g Doppelrahm-Frischkäse
75 g Mayonnaise (80 %)
2 EL Agavensirup
Salz
frisch gemahlener grüner Pfeffer
Cayenne

1 Den Reis in Salzwasser in ca. 35 Min. (oder nach Packungsangabe) garen, abgießen und abkühlen lassen, dann mit einer Gabel auflockern.

2 Inzwischen vom Weißkohl die äußeren Blätter entfernen, den Kohl ohne Strunk in feinste Streifen hobeln oder schneiden. Die Streifen in einer Schüssel mit 1 TL Salz bestreuen und mit den Händen 2–3 Min. kräftig durchkneten, bis der Kohl leicht glasig und geschmeidig wird.

3 Die Möhren schälen und in streichholzgroße Stifte hobeln. Die Mangos schälen, das Fruchtfleisch in dünnen Scheiben vom Stein schneiden. Die Scheiben quer in schmale Streifen schneiden.

4 Die Chilischoten längs halbieren, entkernen, waschen und quer in dünne Streifen schneiden. Die Zwiebeln schälen, längs halbieren, dann quer in sehr dünne Streifen schneiden oder hobeln.

5 Die Petersilie abbrausen und trocken schütteln. Die Blättchen abzupfen und in Streifen schneiden, die Hälfte davon beiseitelegen. Restliche Petersilie mit dem Reis und den Weißkohl-, Möhren-, Mango-, Chili- und Zwiebelstreifen locker vermischen.

6 *Für das Frischkäse-Limetten-Dressing:*
Die Limetten heiß waschen und trocken reiben. Die Schale abreiben und den Saft auspressen. Den Frischkäse mit Mayonnaise, 5 EL Limettensaft und Agavensirup glatt rühren und mit Salz, Pfeffer, Cayenne, Limettenschale und evtl. noch ein paar Spritzern Limettensaft mehr abschmecken.

7 Den Salat mit dem Frischkäse-Limetten-Dressing vermischen und mind. 30 Min. durchziehen lassen, dann nochmals mit Salz und Limettensaft abschmecken. Mit der restlichen Petersilie bestreuen.

Das Frischkäse-Limetten-Dressing passt auch zu:
Rohkost aus Knollensellerie, Möhren oder Topinambur. Zu gemischten Rohkostsalaten mit Mais und Ananas. Zu Chicorée, Gurke und Zucchini. (Dressing pro Portion: ca. 240 kcal, 22 g F, 3 g EW, 6 g KH)

Reissalat mit Hühnchen und Curry-Orangen-Dressing

Für 6 Personen
1 Std. 15 Min. Zubereitung +
1 Std. Marinieren
Pro Portion: ca. 515 kcal, 20 g F,
28 g EW, 55 g KH

250 g Basmatireis
Salz
2 TL Currypulver
500 g Hähnchenbrustfilets
2 EL Rapsöl
frisch gemahlener
    schwarzer Pfeffer
100 g getrocknete Aprikosen
1 Dose Mais (Abtropf-
    gewicht 285 g)
2 dünne Stangen Lauch
50 g Mandelblättchen

Curry-Orangen-Dressing:
200 ml Hühner- oder
    Gemüsebrühe
400 ml Orangensaft
200 g Schmand (24 %)
Salz
frisch gemahlener
    schwarzer Pfeffer
Currypulver
Cayenne

1 Den Reis in Salzwasser nach Packungsangabe garen. Dann in ein Sieb abgießen und ausdampfen lassen. Den Reis in eine Schüssel geben. Das Currypulver darüberstäuben und gut untermischen.

2 Inzwischen die Hähnchenbrustfilets abbrausen und trocken tupfen, Fett und Sehnen entfernen. Das Fleisch quer in 1 cm dicke Scheiben schneiden und in zwei Portionen in jeweils 1 EL Öl in 8–10 Min. bei mittlerer bis starker Hitze goldbraun braten. Dann das Fleisch salzen, pfeffern, abkühlen lassen und in 1 cm große Würfel schneiden.

3 Für das Curry-Orangen-Dressing:
Den Bratsatz in der Pfanne mit der Hühner- oder Gemüsebrühe ablösen. Die Brühe aufkochen, 300 ml Orangensaft dazugeben und die Flüssigkeit auf insgesamt 200 ml einkochen lassen. Den Schmand einrühren und alles mit Salz, Pfeffer, Currypulver und Cayenne pikant abschmecken.

4 Das Curry-Orangen-Dressing mit dem Hähnchenfleisch unter den gegarten Reis mischen und alles abkühlen lassen.

5 Inzwischen die Aprikosen sehr klein würfeln. Den Mais in einem Sieb abtropfen lassen. Den Lauch putzen, gründlich waschen, dann die festen Teile in millimeterfeine Ringe schneiden. Alles unter die Reismischung heben. Den Salat mind. 1 Std. durchziehen lassen, dabei öfter wenden. Falls der Reis dann die ganze Flüssigkeit aufgesogen hat und der Salat trocken wirkt, den restlichen Orangensaft untermischen.

6 Die Mandelblättchen in einer Pfanne ohne Fett bei mittlerer Hitze goldgelb rösten, auf einen Teller geben und abkühlen lassen. Mandelblättchen vor dem Servieren über den Salat streuen.

Das Curry-Orangen-Dressing passt auch zu:
Möhren, Kürbis, Sellerie, Topinambur, Rote Bete oder Steckrübe. Auch zu Putenfleisch. (Dressing pro Portion: ca. 100 kcal, 8 g F, 1 g EW, 5 g KH)

REGISTER

Hier sind neben den Rezeptnamen auch Hauptzutaten aufgelistet. Darunter finden Sie das Rezept Ihrer Wahl. Vegetarische Rezepte sind grün gesetzt.

A

Agavensirup-Vinaigrette 104
Ahornsirup-Pfeffer-Dressing 54
Ajowan (Info) 134
Algen: Glasnudel-Algen-Salat mit Ingwer-Sesam-Dressing 88
Ananas
Ananassalat mit Gorgonzola und Limetten-Honig-Dressing 129
Süßkartoffel-Ananas-Salat mit Erdnuss-Chili-Dressing 64
Antipasti-Salat mit gebratenen Garnelen 126
Äpfel
Rollmops-Salat mit roten Zwiebeln und grünem Apfel 80
Rotkohl-Graupen-Salat mit Walnuss-Apfel-Vinaigrette 72
Tafelspitzsalat mit Apfel und Kürbiskernöl-Vinaigrette 136
Apfelessig-Vinaigrette 42
Aprikosen
Aprikosen-Chutney 32
Couscous-Salat mit Lamm und Chermoula 124
Reissalat mit Hühnchen und Curry-Orangen-Dressing 151
Tomaten-Aprikosen-Salat mit Feta und Honig-Sambal-Dressing 18
Aprikosen-Chili-Dressing 28
Auberginen
Antipasti-Salat mit gebratenen Garnelen 126
Auberginen mit Lamm und Granatapfel-Harissa-Dressing 31
Austernpilze (Veggie-Tipp) 126

Avocado

Avocado (Veggie-Tipp) 67
Avocado-Erbsen-Salat mit Reisbällchen und Miso-Dressing 94
Avocado-Tomaten-Salat mit Nachos und Garnelen 36
Chili-con-Carne-Salat mit Hackbällchen 62
Forellen-Avocado-Salat mit Meerrettich-Dill-Dressing 40

B

Babyleaves und -Mangoldblätter (Info) 9
Garnelen-Grapefruit-Salat mit Grapefruit-Vinaigrette 116
Quinoa-Heidelbeer-Salat mit Cassis-Vinaigrette 20
Salat mit Hähnchen, gelben Tomaten und Aprikosen-Chutney 32
Baharat (Info) 68
Basilikum-Pesto 123
Birnen
Birnen-Bohnen-Salat mit Senf-Agavensirup-Dressing 46
Feiner Wurstsalat in leichter Apfelessig-Vinaigrette 42
»Black Slaw« mit süßem Tamari-Dressing 23
Blumenkohl: Gebratener Blumenkohl mit Belugalinsen und Würzjoghurt 84
Bohnen-Kartoffel-Salat mit Meerrettich-Vinaigrette 82
Bohnen, grüne
Birnen-Bohnen-Salat mit Senf-Agavensirup-Dressing 46

Bohnen-Kartoffel-Salat mit Meerrettich-Vinaigrette 82
Grüne Bohnen (Veggie-Tipp) 40
Bohnen, schwarze: »Black Slaw« mit süßem Tamari-Dressing 23
Bohnen, weiße: Fenchel-Bohnenkern-Salat mit Zitronen-Pfeffer-Dressing 24
Brathendl-Salat mit Croûtons und Schnittlauch-Vinaigrette 49
Bratkartoffelsalat mit Schinken und Tomaten-Dressing 145
Brot
Brathendl-Salat mit Croûtons und Schnittlauch-Vinaigrette 49
Croûtons (Info) 14
Forellen-Avocado-Salat mit Meerrettich-Dill-Dressing 40
Gebratener Blumenkohl mit Belugalinsen und Würzjoghurt 84
Möhrensalat im Fladenbrot mit Cashew-Dressing 56
Räucherlachs-Salat mit Honig-Dill-Dressing 67
Suppengrün-Salat im Pitabrot mit Pfeffer-Feta-Creme 75
Brühe-Petersilien-Dressing 100
Bulgur (Info) 12
Bulgursalat mit Ajvar und Knoblauchwurst 130
Bulgursalat mit Feta, Pistazien und Harissa-Dressing 133
Taboulé mit Hummus 99

C

Cajun-Gewürz (Info) 142
Cajun-Salat mit Hühnchen, Mais und Süßkartoffeln 142
Cashew-Dressing 56
Cassis-Vinaigrette 20
Chermoula 124
Chili-con-Carne-Salat mit Hackbällchen 62

Chili-Limetten-Dressing 70

Coffee-Dressing 96

Coleslaw in der Ofen-
kartoffel 115

Coleslaw mit Thun-
fisch-Creme 112

Coleslaw-Dressing 115

Couscous (Info) 12

Couscous (Veggie-Tipp) 31

Couscous-Salat mit Lamm
und Chermoula 124

Croûtons (Info) 14

Curry-Orangen-Dressing 151

 D

Datteln

Pastinaken- und Möhren-
streifen mit Tahin-Zitro-
nen-Dressing 26

Salat aus gebackenem
Ofengemüse mit Orient-
Dressing 68

 E

Eier (Info) 13

Eier (Veggie-Tipp) 40

Eiersalat mit Cornichons und
Kräuter-Mayonnaise 140

Kartoffelsalat mit Eiern und
Joghurt-Mayonnaise 39

Mediterraner Eiersalat mit
Zucchini und Sardellen-
creme-Dressing 138

Mediterraner Sardinen-
Salat 80

Salat mit Omelett-Schnecken
und Agavensirup-Vina-
igrette 104

Tomaten-Eier-Salat mit Petersilien-Kürbiskern-Pesto 76

Zucchinisalat mit Omelett-
Würfeln 102

Eisbergsalat: Lauwarmer Salat
mit Rindfleisch, Reisnudeln und
Thai-Dressing 107

Endiviensalat: Schinken-Melone-Salat mit Sherry-
Vinaigrette 108

Ente: Sobanudel-Spitzkohl-Salat
mit Ente und Orangen-Tahin-
Dressing 59

Erbsen

Avocado-Erbsen-Salat mit
Reisbällchen und Miso-Dressing 94

Nudelsalat mit Schinken und
klassischem Mayonnai-
se-Dressing 60

Erdnuss-Chili-Dressing 64

Espresso-Pfeffer (Info) 28

Essig-Öl-Mayonnaise 79

F

Feiner Wurstsalat in leichter
Apfelessig-Vinaigrette 42

Feldsalat (Info) 9

Ananassalat mit Gorgonzola
und Limetten-Honig-Dres-
sing 129

Fenchel

Feiner Wurstsalat in leichter
Apfelessig-Vinaigrette 42

Fenchel-Bohnenkern-Salat mit
Zitronen-Pfeffer-Dressing 24

Fetakäse

Bulgursalat mit Feta, Pistazien
und Harissa-Dressing 133

Fenchel-Bohnenkern-Salat mit
Zitronen-Pfeffer-Dressing 24

Peperonata-Salat mit Feta,
Rucola und Oliven 62

Suppengrün-Salat im Pitabrot
mit Pfeffer-Feta-Creme 75

Tomaten-Aprikosen-Salat mit
Feta und Honig-Sambal-Dressing 18

Wassermelonen-Feta-Salat mit
Pistazien-Minz-Pesto 93

Fisch

Forellen-Avocado-Salat mit
Meerrettich-Dill-Dressing 40

Mediterraner Eiersalat mit
Zucchini und Sardellen-
creme-Dressing 138

Mediterraner Sardinen-
Salat 80

Räucherlachs-Salat mit Honig-
Dill-Dressing 67

Rollmops-Salat mit roten Zwiebeln und grünem Apfel 80

Spargel-Zitronen-Salat mit
Fisch und Brühe-Petersilien-Dressing 100

Fleischsalat mit Essig-Öl-
Mayonnaise 79

Forellen-Avocado-Salat mit Meerrettich-Dill-Dressing 40

Frischkäse

Coleslaw mit Thun-
fisch-Creme 112

Eiersalat mit Cornichons und
Kräuter-Mayonnaise 140

Forellen-Avocado-Salat mit
Meerrettich-Dill-Dressing 40

Grüne Gemüse-Julienne im
Reisblatt mit Krebs-Wasa-
bi-Mayonnaise 45

Mediterraner Eiersalat mit
Zucchini und Sardellen-
creme-Dressing 138

Radicchio mit Schinken,
Nektarine und Aprikosen-Chili-Dressing 28

Roter Reissalat mit Mango
und Frischkäse-Limetten-Dressing 149

Salat mit Omelett-Schnecken
und Agavensirup-Vina-
igrette 104

Suppengrün-Salat im Pitabrot
mit Pfeffer-Feta-Creme 75

Winter-Waldorf-Salat mit
Zitronen-Frischkäse-
Dressing 34

 G

Garnelen, Krebse und Krabben

Antipasti-Salat mit gebratenen
Garnelen 126

Avocado-Tomaten-Salat mit
Nachos und Garnelen 36

Garnelen-Grapefruit-Salat mit
Grapefruit-Vinaigrette 116

Grüne Gemüse-Julienne
im Reisblatt mit Krebs-
Wasabi-Mayonnaise 45
Papaya-Paprika-Salat mit
Krabben und Kräuter-
Limetten-Dressing 110
Gebratener Blumenkohl mit
Belugalinsen und Würz-
joghurt 84
Glasnudel-Algen-Salat
mit Ingwer-Sesam-
Dressing 88
Gouda (Veggie-Tipp) 60
Granatapfel: Rote-Bete-
Haselnuss-Salat mit
Granatapfel-Dressing 91
Granatapfel-Dressing 91
Granatapfel-Harissa-
Dressing 31
Grapefruit: Garnelen-
Grapefruit-Salat mit
Grapefruit-Vinaigrette 116
Grapefruit-Vinaigrette 116
Graupen: Rotkohl-Graupen-
Salat mit Walnuss-Apfel-
Vinaigrette 72
Gremolata (Info) 14
Grüne Gemüse-Julienne
im Reisblatt mit Krebs-
Wasabi-Mayonnaise 45
Grünkern (Info) 12
Grünkern-Pastina-
ken-Salat mit Schweine-
medaillons 102
Gurke
Avocado-Erbsen-Salat mit
Reisbällchen und Miso-
Dressing 94
Kartoffelsalat mit Eiern
und Joghurt-Mayon-
naise 39
Lauwarmer Salat mit Rind-
fleisch, Reisnudeln und
Thai-Dressing 107
Mango-Gurken-Salat mit
Tofu und Tamari-Ingwer-
Dressing 118

H

Hackfleisch: Chili-con-Carne-
Salat mit Hackbällchen 62
Hähnchen
Brathendl-Salat mit
Croûtons und Schnittlauch-
Vinaigrette 49
Cajun-Salat mit Hühnchen,
Mais und Süßkartoffeln 142
Kokos-Möhren-Julienne mit
Spießen und Chili-Limetten-
Dressing 70
Reissalat mit Hühnchen und
Curry-Orangen-Dressing 151
Salat mit Hähnchen, gelben
Tomaten und Aprikosen-
Chutney 32
Harissa (Info) 68
Harissa-Dressing 133
Haselnüsse
Romanesco-Haselnuss-Taboulé
mit Coffee-Dressing 96
Rote-Bete-Haselnuss-Salat mit
Granatapfel-Dressing 91
Heidelbeeren: Quinoa-
Heidelbeer-Salat mit Cassis-
Vinaigrette 20
Honig-Dill-Dressing 67
Honig-Sambal-Dressing 18
Hummus 99

I

Indischer Linsensalat mit
Limetten-Ingwer-Joghurt 134
Ingwer-Sesam-Dressing 88

J

Joghurt
Coleslaw in der Ofen-
kartoffel 115
Gebratener Blumenkohl mit
Belugalinsen und Würz-
joghurt 84
Indischer Linsensalat mit
Limetten-Ingwer-Joghurt 134
Kartoffelsalat mit Eiern und
Joghurt-Mayonnaise 39

Mediterraner Eiersalat mit
Zucchini und Sardellen-
creme-Dressing 138
Taboulé mit Hummus 99
Joghurt-Mayonnaise 39

K

Kartoffeln
Bohnen-Kartoffel-Salat mit
Meerrettich-Vinaigrette 82
Bratkartoffelsalat mit Schinken
und Tomaten-Dressing 145
Coleslaw in der Ofen-
kartoffel 115
Kartoffelsalat mit Eiern und
Joghurt-Mayonnaise 39
Klassischer Kartoffelsalat 36
Käse (außer Feta- und Frisch-
käse; Info) 13
Ananassalat mit Gorgon-
zola und Limetten-Honig-
Dressing 129
Feiner Wurstsalat in leichter
Apfelessig-Vinaigrette 42
Käsesalat mit Gouda, Trauben
und Walnüssen 130
Mozzarella (Veggie-Tipp) 40
Pasta-Spinat-Salat mit frischem
Basilikum-Pesto 123
Pastinaken- und Möhren-
streifen mit Tahin-Zitronen-
Dressing 26
Quinoa-Heidelbeer-Salat mit
Cassis-Vinaigrette 20
Winter-Waldorf-Salat mit
Zitronen-Frischkäse-
Dressing 34
Kichererbsen (Info) 13
Auberginen mit Lamm
und Granatapfel-Harissa-
Dressing 31
Taboulé mit Hummus 99
Kidneybohnen (Info) 13
Birnen-Bohnen-Salat mit Senf-
Agavensirup-Dressing 46
Chili-con-Carne-Salat mit
Hackbällchen 62
Klassischer Kartoffelsalat 36

Knollensellerie

Suppengrün-Salat im Pitabrot
mit Pfeffer-Feta-Creme 75

Winter-Waldorf-Salat mit
Zitronen-Frischkäse-
Dressing 34

Kohlrabi: Salat mit
Omelett-Schnecken und
Agavensirup-Vinaigrette 104

Kokos-Möhren-Julienne mit
Spießen und Chili-Limetten-
Dressing 70

Kopfsalat (Info) 8

Kräuter-Limetten-Dressing 110

Kräuter-Mayonnaise 140

Krebs-Wasabi-Mayonnaise 45

Kürbis

Kürbis-Quinoa-Salat mit Ahornsirup-Pfeffer-Dressing 54

Salat aus gebackenem
Ofengemüse mit Orient-
Dressing 68

Kürbiskern-Petersilien-Pesto 76

Kürbiskernöl-Vinaigrette 136

L

Lammfleisch

Auberginen mit Lamm und
Granatapfel-Harissa-
Dressing 31

Couscous-Salat mit Lamm und
Chermoula 124

Langpfeffer (Info) 72

Lauch

Grüne Gemüse-Julienne im
Reisblatt mit Krebs-Wasabi-
Mayonnaise 45

Reissalat mit Hühnchen und
Curry-Orangen-Dressing 151

Suppengrün-Salat im Pitabrot
mit Pfeffer-Feta-Creme 75

Lauwarmer Salat mit Rind-
fleisch, Reisnudeln und
Thai-Dressing 107

Limetten-Honig-Dressing 129

Limetten-Ingwer-Joghurt 134

Linsen: Indischer Linsensalat mit
Limetten-Ingwer-Joghurt 134

M

Mais (Info) 13

Cajun-Salat mit Hühnchen,
Mais und Süßkartoffeln 142

Reissalat mit Hühnchen
und Curry-Orangen-
Dressing 151

Mango

Mango-Gurken-Salat mit
Tofu und Tamari-Ingwer-
Dressing 118

Roter Reissalat mit Mango
und Frischkäse-Limetten-
Dressing 149

Mayonnaise

Coleslaw-Dressing 115

Essig-Öl-Mayonnaise 79

Frischkäse-Limetten-
Dressing 149

Joghurt-Mayonnaise 39

Kräuter-Mayonnaise 140

Krebs-Wasabi-Mayon-
naise 45

Mayonnaise-Dressing 60

Thunfisch-Creme 112

Mediterraner Eiersalat mit
Zucchini und Sardellen-
creme-Dressing 138

Mediterraner Sardinen-
Salat 80

Meerrettich

Meerrettich-Dill-Dressing 40

Meerrettich-Vinaigrette 82

Melone

Schinken-Melone-Salat mit
Sherry-Vinaigrette 108

Wassermelonen-Feta-Salat
mit Pistazien-Minz-Pesto 93

Mini-Gurke s. Gurke

Mini-Romanasalat s. Romanasalat

Miso-Dressing 94

Möhren

Coleslaw in der Ofen-
kartoffel 115

Glasnudel-Algen-Salat mit
Ingwer-Sesam-Dressing 88

Indischer Linsensalat
mit Limetten-Ingwer-
Joghurt 134

Kokos-Möhren-Julienne mit
Spießen und Chili-Limetten-
Dressing 70

Lauwarmer Salat mit Rind-
fleisch, Reisnudeln und
Thai-Dressing 107

Möhrensalat im Fladenbrot
mit Cashew-Dressing 56

Pastinaken- und Möhren-
streifen mit Tahin-Zitronen-
Dressing 26

Roter Reissalat mit Mango
und Frischkäse-Limetten-
Dressing 149

Salat aus gebackenem
Ofengemüse mit Orient-
Dressing 68

Sobanudel-Spitzkohl-Salat
mit Ente und Orangen-Tahin-
Dressing 59

Suppengrün-Salat im Pitabrot
mit Pfeffer-Feta-Creme 75

N

Nektarine: Radicchio mit Schinken, Nektarine und Aprikosen-
Chili-Dressing 28

Nudeln

»Black Slaw« mit süßem
Tamari-Dressing 23

Glasnudel-Algen-Salat mit
Ingwer-Sesam-Dressing 88

Lauwarmer Salat mit Rind-
fleisch, Reisnudeln und
Thai-Dressing 107

Nudelsalat mit Schinken und
klassischem Mayonnaise-
Dressing 60

Pasta-Spinat-Salat mit
frischem Basilikum-
Pesto 123

Sobanudel-Spitzkohl-Salat
mit Ente und Orangen-Tahin-
Dressing 59

O

Oliven (Info) 13
  Mediterraner Eiersalat mit
    Zucchini und Sardellen-
    creme-Dressing 138
  Mediterraner Sardinen-Salat 80
  Peperonata-Salat mit Feta,
    Rucola und Oliven 62
Omelett-Schnecken mit Salat und
  Agavensirup-Vinaigrette 104
Omelett-Würfel auf Zucchini-
  salat 102
Orangen-Tahin-Dressing 59
Orient-Dressing 68

P

Papaya-Paprika-Salat mit
  Krabben und Kräuter-Limetten-
  Dressing 110
Paprikaschoten
  Antipasti-Salat mit gebratenen
    Garnelen 126
  Grüne Gemüse-Julienne im
    Reisblatt mit Krebs-Wasabi-
    Mayonnaise 45
  Nudelsalat mit Schinken und
    klassischem Mayonnaise-
    Dressing 60
  Papaya-Paprika-Salat mit
    Krabben und Kräuter-
    Limetten-Dressing 110
  Peperonata-Salat mit Feta,
    Rucola und Oliven 62
Pasta-Spinat-Salat mit frischem
  Basilikum-Pesto 123
Pastinaken, Petersilienwurzel
  Pastinaken- und Möhren-
    streifen mit Tahin-Zitronen-
    Dressing 26
  Grünkern-Pastinaken-Salat mit
    Schweinemedaillons 102
  Suppengrün-Salat im Pitabrot
    mit Pfeffer-Feta-Creme 75
  Peperonata-Salat mit Feta,
    Rucola und Oliven 62
Pesto (Info) 15
Pesto mit Basilikum 123

Pesto mit Minze und
  Pistazien 93
Petersilien-Kürbiskern-Pesto 76
Pfeffer-Feta-Creme 75
Pilze
  Austernpilze (Veggie-
    Variante) 126
  »Black Slaw« mit süßem Tamari-
    Dressing 23
  Glasnudel-Algen-Salat mit
    Ingwer-Sesam-Dressing 88
  Pilzsalat mit Putenbrust-
    streifen 146
  Pilzsalat mit schwarzem Reis
    und Walnuss-Vinaigrette 50
Pistazien-Minz-Pesto 93
Pute: Pilzsalat mit Putenbrust-
  streifen 146

Q

Quinoa (Info) 12
  Garnelen-Grapefruit-Salat mit
    Grapefruit-Vinaigrette 116
  Kürbis-Quinoa-Salat mit Ahorn-
    sirup-Pfeffer-Dressing 54
  Quinoa-Heidelbeer-Salat mit
    Cassis-Vinaigrette 20

R

Radicchio (Info) 8
  Mediterraner Sardinen-Salat 80
  Radicchio mit Schinken,
    Nektarine und Aprikosen-
    Chili-Dressing 28
Radieschen
  Brathendl-Salat mit
    Croûtons und Schnittlauch-
    Vinaigrette 49
  Fleischsalat mit Essig-Öl-
    Mayonnaise 79
  Kartoffelsalat mit Eiern und
    Joghurt-Mayonnaise 39
Räucherlachs-Salat mit Honig-
  Dill-Dressing 67
Reis, Wildreis (Info) 12
  Avocado-Erbsen-Salat mit
    Reisbällchen und Miso-
    Dressing 94

Pilzsalat mit schwarzem Reis
    und Walnuss-Vinaigrette 50
  Reissalat mit Hühnchen und
    Curry-Orangen-Dressing 151
  Roter Reissalat mit Mango
    und Frischkäse-Limetten-
    Dressing 149
Reisblätter: Grüne Gemüse-
  Julienne im Reisblatt mit Krebs-
  Wasabi-Mayonnaise 45
Reisnudeln
  »Black Slaw« mit süßem Tamari-
    Dressing 23
  Lauwarmer Salat mit Rind-
    fleisch, Reisnudeln und
    Thai-Dressing 107
Rettich: Brathendl-Salat mit
  Croûtons und Schnittlauch-
  Vinaigrette 49
Rindfleisch, Roastbeef
  Bohnen-Kartoffel-Salat mit
    Meerrettich-Vinaigrette 82
  Chili-con-Carne-Salat mit
    Hackbällchen 62
  Lauwarmer Salat mit Rind-
    fleisch, Reisnudeln und
    Thai-Dressing 107
  Tafelspitzsalat mit Apfel und
    Kürbiskernöl-Vinaigrette 136
Rollmops-Salat mit roten
  Zwiebeln und grünem Apfel 80
Romanasalat (Info) 8
  Forellen-Avocado-Salat mit
    Meerrettich-Dill-Dressing 40
  Kartoffelsalat mit Eiern und
    Joghurt-Mayonnaise 39
  Mediterraner Eiersalat mit
    Zucchini und Sardellen-
    creme-Dressing 138
  Mediterraner Sardinen-Salat 80
  Pastinaken- und Möhren-
    streifen mit Tahin-Zitro-
    nen-Dressing 26
  Rollmops-Salat mit roten Zwie-
    beln und grünem Apfel 80
  Salat mit Omelett-Schnecken
    und Agavensirup-Vina-
    igrette 104

Romanesco-Haselnuss-Taboulé
mit Coffee-Dressing 96
Rotbarben: Spargel-Zitronen-
Salat mit Fisch und Brühe-
Petersilien-Dressing 100
Rote Bete
Rollmops-Salat mit roten Zwie-
beln und grünem Apfel 80
Rote-Bete-Haselnuss-Salat mit
Granatapfel-Dressing 91
Roter Reissalat mit Mango
und Frischkäse-Limetten-Dres-
sing 149
Rotkohl
»Black Slaw« mit süßem Tamari-
Dressing 23
Rotkohl-Graupen-Salat mit
Walnuss-Apfel-Vinaigrette 72
Rucola (Info) 9
Peperonata-Salat mit Feta,
Rucola und Oliven 62
Radicchio mit Schinken,
Nektarine und Aprikosen-Chi-
li-Dressing 28
Wassermelonen-Feta-Salat mit
Pistazien-Minz-Pesto 93

S
Salat aus gebackenem Ofen-
gemüse mit Orient-Dressing 68
Salat mit Hähnchen, gelben
Tomaten und Aprikosen-
Chutney 32
Salat mit Omelett-Schnecken und
Agavensirup-Vinaigrette 104
Sardellen, Sardinen
Mediterraner Sardinen-Salat 80
Mediterraner Eiersalat mit
Zucchini und Sardellen-
creme-Dressing 138
Schinken, Speck (Bacon)
Birnen-Bohnen-Salat mit Senf-
Agavensirup-Dressing 46
Bratkartoffelsalat mit Schinken
und Tomaten-Dressing 145
Nudelsalat mit Schinken und
klassischem Mayonnaise-
Dressing 60

Radicchio mit Schinken,
Nektarine und Aprikosen-
Chili-Dressing 28
Schinken-Melone-Salat mit
Sherry-Vinaigrette 108
Schnittlauch-Vinaigrette 49
Schweinefleisch
Fleischsalat mit Essig-Öl-
Mayonnaise 79
Grünkern-Pastinaken-Salat mit
Schweinemedaillons 102
Senf-Agavensirup-Dressing 46
Sherry-Vinaigrette 108
Sobanudel-Spitzkohl-Salat
mit Ente und Orangen-Tahin-
Dressing 59
Spargel-Zitronen-Salat mit
Fisch und Brühe-Petersilien-
Dressing 100
Spinat
Ananassalat mit Gorgon-
zola und Limetten-Honig-
Dressing 129
Pasta-Spinat-Salat mit frischem
Basilikum-Pesto 123
Spitzkohl s. Weißkohl
Sprinkles (Info) 15
Staudensellerie
Coleslaw mit Thunfisch-
Creme 112
Fenchel-Bohnenkern-Salat
mit Zitronen-Pfeffer-
Dressing 24
Forellen-Avocado-Salat mit
Meerrettich-Dill-Dressing 40
Indischer Linsensalat mit
Limetten-Ingwer-Joghurt 134
Kartoffelsalat mit Eiern und
Joghurt-Mayonnaise 39
Käsesalat mit Gouda, Trauben
und Walnüssen 130
Süßkartoffel-Ananas-Salat mit
Erdnuss-Chili-Dressing 64
Steckrübe: Salat aus geba-
ckenem Ofengemüse mit
Orient-Dressing 68
Suppengrün-Salat im Pitabrot
mit Pfeffer-Feta-Creme 75

Süßkartoffeln
Cajun-Salat mit Hühnchen, Mais
und Süßkartoffeln 142
Süßkartoffel-Ananas-Salat mit
Erdnuss-Chili-Dressing 64
Szechuanpfeffer (Info) 100

T
Taboulé mit Hummus 99
Tafelspitzsalat mit Apfel und
Kürbiskernöl-Vinaigrette 136
Tahin-Zitronen-Dressing 26
Tamari-Dressing 23
Tamari-Ingwer-Dressing 118
Tasmanischer Bergpfeffer 20
Tellicherrypfeffer (Info) 108
Thai-Dressing 107
Thunfisch-Creme 112
Tofu
Mango-Gurken-Salat mit
Tofu und Tamari-Ingwer-
Dressing 118
Tofu (Veggie-Tipp) 46, 146
Tomaten
Avocado-Tomaten-Salat mit
Nachos und Garnelen 36
Bratkartoffelsalat mit Schinken
und Tomaten-Dressing 145
Bulgursalat mit Ajvar und
Knoblauchwurst 130
Chili-con-Carne-Salat mit
Hackbällchen 62
Mediterraner Sardinen-Salat 80
Räucherlachs-Salat mit Honig-
Dill-Dressing 67
Salat mit Hähnchen, gelben
Tomaten und Apriko-
sen-Chutney 32
Taboulé mit Hummus 99
Tomaten-Aprikosen-Salat mit
Feta und Honig-Sambal-Dres-
sing 18
Tomaten-Eier-Salat mit
Petersilien-Kürbiskern-
Pesto 76
Zucchinisalat mit Omelett-
Würfeln 102
Tonka-Salz (Info) 91

Trauben

Käsesalat mit Gouda, Trauben und Walnüssen 130

Rote-Bete-Haselnuss-Salat mit Granatapfel-Dressing 91

Winter-Waldorf-Salat mit Zitronen-Frischkäse-Dressing 34

 V

Vanille-Pfeffer (Info) 50

 W

Walnuss-Apfel-Vinaigrette 72

Walnuss-Vinaigrette 50

Wassermelonen-Feta-Salat mit Pistazien-Minz-Pesto 93

Wattleseed (Info) 96

Weißkohl, Spitzkohl

Coleslaw in der Ofenkartoffel 115

Coleslaw mit Thunfisch-Creme 112

Roter Reissalat mit Mango und Frischkäse-Limetten-Dressing 149

Sobanudel-Spitzkohl-Salat mit Ente und Orangen-Tahin-Dressing 59

Winter-Waldorf-Salat mit Zitronen-Frischkäse-Dressing 34

Wurst

Bulgursalat mit Ajvar und Knoblauchwurst 130

Feiner Wurstsalat in leichter Apfelessig-Vinaigrette 42

Würzjoghurt 84

 Z

Zitronen-Frischkäse-Dressing 34

Zitronen-Pfeffer-Dressing 24

Zucchini

Antipasti-Salat mit gebratenen Garnelen 126

Mediterraner Eiersalat mit Zucchini und Sardellencreme-Dressing 138

Zucchinisalat mit Omelett-Würfeln 102

Zuckerschoten: Grüne Gemüse-Julienne im Reisblatt mit Krebs-Wasabi-Mayonnaise 45

Appetit auf mehr?

IMPRESSUM

© 2016 GRÄFE UND UNZER VERLAG GmbH, München

Projektleitung: Tanja Dusy

Lektorat: Susanne Bodensteiner

Korrektorat: Karin Leonhart

Innen- und Umschlaggestaltung:
independent Medien-Design, Horst Moser, München

Illustrationen: Claudia Lieb, München

Herstellung: Petra Roth

Satz: Knipping Werbung GmbH, Berg bei Starnberg

Reproduktion: Longo AG, Bozen

Druck und Bindung: Firmengruppe APPL, aprinta druck, Wemding

Syndication: www.jalag-syndication.de

Printed in Germany

1. Auflage 2016

ISBN 978-3-8338-5023-3

DIE AUTORIN

Bettina Matthaei war und ist als Kochbuchautorin, Foodjournalistin (Mitglied im Food Editors Club), Grafikerin und Trickfilmerin vielfach kreativ. Ihre besondere Leidenschaft gilt Gewürzen: Für ihre Manufaktur »1001 Gewürze« entwickelt sie stets neue ausgefallene Mischungen, aber auch in ihren zahlreichen, teilweise prämierten Titeln (»Würzen«, »Vegetarisch vom Feinsten«), spielt allerlei Scharfes und Pikantes eine tragende Rolle. Auch in »Salate zum Sattessen« steht das Experimentieren und ungewohnte Kombinieren altbekannter Zutaten an erster Stelle – wie bereits in ihrem letzten Erfolgstitel »Gemüse kann auch anders«.

DIE FOTOGRAFINNEN

Maria Grossmann und **Monika Schürle** arbeiten seit Langem im Team und sind erfolgreich in den Bereichen Food, Stilllife und Interior tätig. Ihre Auftraggeber sind Magazine, Verlage und Agenturen. Mit der Foodstylistin **Susanne Walter** arbeiten sie regelmäßig zusammen, besonders gerne bei ungewöhnlichen Themen. Tatkräftig unterstützt wurden sie bei diesem Projekt von **Katharina Huck** und **Julie Kratzmeier**.

BILDNACHWEIS

Alle Fotos: Maria Grossmann und Monika Schürle

TITEL REZEPT

Salat mit Hähnchen, gelben Tomaten und Aprikosen-Chutney (S. 32)

Liebe Leserin, lieber Leser,

haben wir Ihre Erwartungen erfüllt? Sind Sie mit diesem Buch zufrieden? Haben Sie weitere Fragen zu diesem Thema? Wir freuen uns auf Ihre Rückmeldung, auf Lob, Kritik und Anregungen, damit wir für Sie immer besser werden können.

GRÄFE UND UNZER Verlag
Leserservice
Postfach 86 03 13
81630 München
E-Mail:
leserservice@graefe-und-unzer.de

Telefon: 00800 / 72 37 33 33*
Telefax: 00800 / 50 12 05 44*
Mo–Do: 9.00 – 17.00 Uhr
Fr: 9.00 – 16.00 Uhr
(* gebührenfrei in D, A, CH)

Ihr GRÄFE UND UNZER Verlag
Der erste Ratgeberverlag – seit 1722.

www.facebook.com/gu.verlag

GRÄFE UND UNZER

Ein Unternehmen der
GANSKE VERLAGSGRUPPE

Umwelthinweis: Dieses Buch ist auf PEFC-zertifiziertem Papier aus nachhaltiger Waldwirtschaft gedruckt.

Backofenhinweis: Die Backzeiten können je nach Herd variieren. Die Temperaturangaben in unseren Rezepten beziehen sich auf das Backen im Elektroherd mit Ober- und Unterhitze und können bei Gasherden oder Backen mit Umluft abweichen. Details entnehmen Sie bitte Ihrer Gebrauchsanweisung.